贸易自由化对中国企业工资不平等的影响研究

刘 东 著

中国财经出版传媒集团
中国财政经济出版社

图书在版编目（CIP）数据

贸易自由化对中国企业工资不平等的影响研究 / 刘东著. -- 北京：中国财政经济出版社，2022. 11
ISBN 978 - 7 - 5223 - 1746 - 5

Ⅰ. ①贸… Ⅱ. ①刘… Ⅲ. ①自由贸易（中国）- 影响 - 企业管理 - 工资管理 - 研究 - 中国 Ⅳ. ①F72 ②F279. 23

中国版本图书馆 CIP 数据核字（2022）第 200582 号

责任编辑：陈 冰　　　　责任印制：张 健
封面设计：卜建辰　　　　责任校对：徐艳丽

贸易自由化对中国企业工资不平等的影响研究
MAOYI ZIYOUHUA DUI ZHONGGUO QIYE GONGZI BUPINGDENG DE YINGXIANG YANJIU
中国财政经济出版社 出版
URL：http：//www. cfeph. cn
E - mail：cfeph@ cfeph. cn

社址：北京市海淀区阜成路甲 28 号 邮政编码：100142
营销中心电话：010 - 88191522
天猫网店：中国财政经济出版社旗舰店
网址：https：//zgczjjcbs. tmall. com
北京中兴印刷有限公司印刷 各地新华书店经销
成品尺寸：170mm × 240mm 16 开 8. 75 印张 139 000 字
2022 年 11 月第 1 版 2022 年 11 月北京第 1 次印刷
定价：45. 00 元
ISBN 978 - 7 - 5223 - 1746 - 5
（图书出现印装问题，本社负责调换，电话：010 - 88190548）
本社质量投诉电话：010 - 88190744
打击盗版举报热线：010 - 88191661 QQ：2242791300

前　　言

一直以来，贸易如何影响收入分配都是国际贸易学和劳动经济学的热点问题，特别是近年来民粹主义的盛行在世界范围内掀起了“逆全球化”浪潮，让人们开始反思经济全球化所造成的各国之间以及各国内部收入不平等加剧。我国经历了改革开放的40多年，基于庞大的人口基数形成的廉价劳动力比较优势，一举超越诸多发达国家，成为出口第一、进口第二的贸易大国。在此阶段，我国的收入差距也在不断拉大，基尼系数常年高于0.4，超过了国际公认的警戒水平。随着2020年RCEP和《中欧全面投资协议》的签署，我国正成为经济全球化和多边主义的坚定力量，我国对外开放的大门只会越开越大。因此，探究我国的贸易自由化对收入不平等特别是工资不平等的影响具有重要的理论与现实意义。

基于上述现实背景，本书首先系统回顾了贸易自由化与工资不平等的相关理论，将企业工资不平等分解为企业组间工资不平等、企业组内工资不平等以及企业内工资不平等，借鉴Egger和Kreickemeier（2009）的研究，构建了一个完整的理论模型，阐释了贸易自由化对企业工资不平等的影响机制。然后，通过查阅世界银行WITS数据库、《中国统计年鉴》《中国劳动统计年鉴》《中国贸易外经统计年鉴》等相关数据，梳理了我国贸易自由化与工资不平等的发展历程与现状。最后，我们通过将中国工业企业数据库以及海关进出口数据库进行合并形成非平衡面板数据，针对贸易自由化如何影响我国企业工资不平等进行了实证分析，基于实证分析结果得出研究结论，并提出政策建议。本书的主要结论如下：

第一，贸易自由化缩小了企业组间工资不平等。贸易开放会形成出口企业与非出口企业的组间工资不平等，而贸易自由化程度的不断提高会缩小企业进入国内市场和国际市场的临界生产率之间的差距，进而缩小企业组间工资不平等。通过构建调节效应模型我们实证检验了上述结论，但这一结果在我国中西部地区和高技术行业并不显著。在经过内生性处理、指标替换以及补充样本分析后，实证结果依然稳健。

第二，贸易自由化将会缩小全体企业的组内工资不平等，但进一步细分而言，贸易自由化缩小了内销企业组内工资不平等，扩大了出口企业组内工资不平等。贸易自由化提高了整体企业的平均生产率，并且抬高了企业进入国内市场的生产率门槛，但二者间的差距会随着贸易自由化程度的提高而缩小，进而缩小全体企业的组内工资不平等。细分来看，一方面，贸易自由化程度的提高会缩小企业进入国际市场和国内市场的最低生产率差距，因此将缩小内销企业的组内工资不平等；而另一方面，贸易自由化程度的提高将如何影响出口企业工资不平等则需要通过实证分析予以确定。通过将企业数据加总到省－行业层面进行了实证检验，结果显示，我国贸易自由化缩小了企业组内工资不平等，进一步分析显示，贸易自由化缩小了内销企业组内工资不平等，扩大了出口企业组内工资不平等，实证结果并没有呈现出明显的地区异质性，但在我国高技术行业中并不显著。后续的内生性处理、指标替换以及补充样本检验并不改变实证结果。

第三，贸易自由化扩大了企业内工资不平等。通过引入不同技术水平的工人之间所存在的“利润分享权力”差异，发现贸易自由化会提升全体企业的平均生产率与平均利润，而技术工人较非技术工人的利润分享权力更强，造成了企业内部不同技术工人之间工资不平等的加剧。我们构建了企业非平衡面板数据以涵盖企业的进入和退出行为，并以企业所在行业技能结构的变化作为权重对企业内工资不平等进行了重新测算，随后进行实证分析，结果显示，贸易自由化会扩大企业内工资不平等，该结果不存在地区异质性差异，但在我国高技术行业中同样不显著。在一系列稳健性检验后，结论依然成立。

第四，加工贸易企业较一般贸易企业工资更低。通过引入企业的贸易模式选择，发现部分企业会通过选择以加工贸易出口的方式争取政策补贴以规避高昂的出口固定成本，但由于加工贸易企业的生产率水平和盈利能力较低，使得其工资水平不及一般贸易企业。我们借助海关进出口数据库获取了企业准确的出口贸易模式，并进行了实证分析，结果显示，加工贸易企业的工资较一般贸易企业更低，在经过一系列稳健性检验后，该结论并没有发生改变。

第五，贸易自由化对企业工资不平等的影响存在着以企业利润为中介效应的内在机制。贸易自由化会影响企业进入国内市场和国际市场的临界生产率，进而影响企业的利润水平，最终体现在企业工资的变化上。我们分别构建了中介效应模型进行检验，发现贸易自由化会显著提升企业的实际利润，企业利润的增加也会扩大企业工资不平等，存在着显著的中介效应，但相较于贸易自由化对企业工资不平等的直接效应而言影响较小，并不足以改变总效应。

本书主要的创新点在于：第一，在研究视角上，我们尝试以调节效应模型，进一步探究了贸易自由化对企业组间工资不平等的动态影响；分析了贸易自由化程度的提高将如何影响内销企业的组内工资不平等；将研究视角延伸至企业内部，分析了贸易自由化程度的提高将如何影响企业内不同技术水平的工人之间的工资不平等。第二，在理论模型上，本书以 E－K 的研究为基础，构建了较为完整而全面的理论模型，分析贸易自由化对企业组间工资不平等、企业组内工资不平等以及企业内工资不平等的影响机制。第三，在内生性问题上，一方面，我们选取了“企业所在省份报关口岸的数量”作为工具变量，通过两阶段最小二乘法，消除贸易自由化影响企业组间工资不平等时潜在的内生性问题；另一方面，以我国十大主要出口目的地对中国出口产品所征收的关税税率，计算我国各行业的平均出口关税，以更具外生性的贸易自由化指标来消除潜在的内生性问题。

刘东

2022 年 11 月

目　　录

1　绪论 …… 1

1.1　研究背景及意义 …… 1

1.2　文献回顾与述评 …… 5

1.3　研究思路、内容与方法 …… 10

1.4　创新之处 …… 15

2　我国贸易自由化与工资不平等的发展现状 …… 17

2.1　中国贸易自由化的发展现状 …… 17

2.2　中国工资不平等的发展现状 …… 28

2.3　本章小结 …… 38

3　贸易自由化影响工资不平等的理论基础 …… 40

3.1　贸易理论回顾 …… 40

3.2　理论模型设定 …… 46

3.3　本章小结 …… 57

4　贸易自由化对企业组间工资不平等的影响 …… 59

4.1　实证模型设定与数据说明 …… 59

4.2 实证结果分析 …… 61
4.3 稳健性检验 …… 65
4.4 本章小结 …… 72

5 贸易自由化对企业组内工资不平等的影响 …… 73
5.1 实证模型设定与数据说明 …… 73
5.2 实证结果分析 …… 76
5.3 稳健性检验 …… 78
5.4 本章小结 …… 85

6 贸易自由化对企业内工资不平等的影响 …… 87
6.1 实证模型设定与数据说明 …… 87
6.2 实证结果分析 …… 90
6.3 稳健性检验 …… 93
6.4 本章小结 …… 97

7 出口贸易模式与企业工资不平等 …… 99
7.1 实证模型设定与数据说明 …… 99
7.2 实证结果分析 …… 100
7.3 稳健性检验 …… 103
7.4 本章小结 …… 108

8 结论与启示 …… 110
8.1 研究结论 …… 110
8.2 政策建议 …… 112
8.3 本书的不足与展望 …… 114

参考文献 …… 117

1 绪　论

1.1 研究背景及意义

1.1.1 研究背景

在经济全球化的进程中，各国能够凭借着在某一特定生产环节所具备的比较优势参与世界生产分工体系，以此融入全球价值链（Global Value Chain），获取贸易利润。但长期以来，不管是在发达国家、新兴经济体还是长期落后地区，不仅资本收益长期高于劳动力工资报酬，同时区域、城乡、企业乃至个人的收入分配不均日益加剧，由此激发了世界范围内民粹主义的盛行，从而形成了近年来以单边主义和保护主义为特征的“逆全球化”浪潮。加上2019年年底爆发的新冠肺炎疫情，虽然世界各国纷纷以大规模的纾困方案挽救本国经济困局，但疫情影响下生产活动的受限与大量流动性的释放依旧进一步加剧了资本收益与劳动收益的差距，后疫情时代的“K型”经济复苏似乎不可避免。

经过40多年的改革开放，对外贸易的发展对我国经济的高速增长做出了重要贡献，进出口贸易总额由1992年的9119.62亿元上升到2019年的315627.32亿元，年平均增速13.5%。从图1－1中我们可以看到，我国的出口总额由1992年的4676.29亿元上升到2019年的172373.63亿元，进口总额由4443.33亿元上升到143253.69亿元，二者占GDP的比重经历了快速上升后的逐步回落，凸显出我国经济增长的动能逐渐由外需拉动向内外需共同驱动转变。我国目前已经是世界第一大出口国与第二大进口国，贸易自由化的发展也已迈入新的历史阶段，2020年RCEP和《中欧全面投资协定》的签署，不仅再次宣示了我国“对外开放的大门只会越开越大”①，也彰显着我国正成为继续推动经济全球化和坚持多边主义的坚定力量。

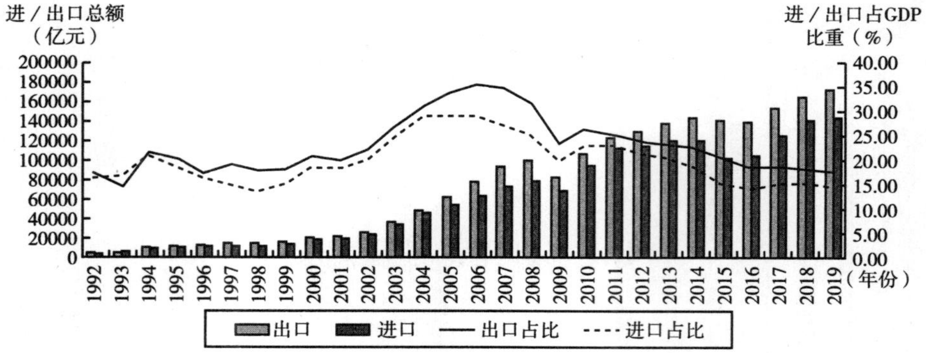

图1-1　我国进/出口总额及占GDP比重

数据来源：国家统计局。

我国对外贸易的蓬勃发展建立在贸易自由化不断推进的基础之上，从图1-2中我们可以看到，20世纪90年代我国申请恢复关贸总协定缔约国资格与加入WTO，我国的关税水平进行了第一波的大幅度减让，加权平均关税由1993年的30.3%降至2001年的16%。随后，我国在2001年正式加入WTO，关税水平进一步降低至2005年的9.9%，彼时，我国已基本完成入世协定中的关税减让承诺。2005年至今，我国的加权平均关税减让幅度明显趋缓，并始终保持在较低水平。

与此同时，我国的收入差距则呈现出了不同的变化。在入世前，我国的基尼系数随着贸易自由化程度的大幅提高而快速上升，并在2001年达到了近年来的最高点0.49，随后则开始逐年缓慢下降，与贸易自由化呈相近的变化趋势。近年来我国的基尼系数基本维持在0.4的警戒值以上，收入分配不均的问题依然严峻（见图1-2）。具体表现为资本在全球范围内的扩张使劳动收入的回报所占据的份额不断下降，资本收益与工资报酬的差距扩大；地区之间难以实现均衡发展，城乡之间的发展差距不断拉大；人力资本积累和教育条件的差异导致的不同技能劳动者间的工资差距扩大。

---

① 习近平总书记在第三届中国国际进口博览会开幕式上发表的主旨演讲。

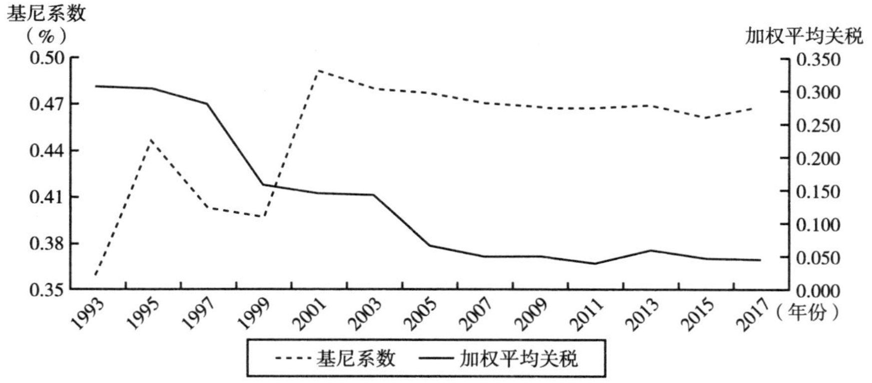

图 1－2　我国加权平均关税与基尼系数

数据来源：世界银行 WITS 数据库、国家统计局。

当前我国经济社会发展的主要矛盾已经转变为人民日益增长的美好生活需要与不平衡不充分的发展之间的矛盾，这里的发展不平衡，既包括区域、城乡、行业等宏观层面的不平衡，更涵盖了企业之间乃至劳动者之间的不平衡。在人民物质文化生活已然得到巨大改善、改革开放持续不断深入的大背景下，如何在我国进一步扩大对外开放的同时兼顾国内收入分配的公平；如何保障广大劳动者特别是处于弱势地位的非技术劳动力的工资报酬稳步增长；如何让改革开放的红利惠及广大的人民，对于我国实现高质量发展以及可持续发展具有重要意义。

1.1.2　研究意义

伴随着经济全球化和贸易自由化的发展，大量的研究指出，近 30 多年来，无论是在如美国（Bernard et al.，2007）、德国（Baumgarten，2013）、法国（Biscourp 和 Kramarz，2007；Carluccio et al.，2015）等发达国家，还是如阿根廷（Galiani 和 Sanguinetti，2003）、印度尼西亚（Amiti 和 Davis，2011）、巴西（Helpman et al.，2012）等发展中国家，均呈现出明显的工资不平等加剧，而这显然不符合新古典贸易理论的重要推论——斯托尔帕－萨缪尔森定理（1941）。因此，本书试图从新新贸易理论的视角，着重探究贸易自由化将如何影响微观企业的工资不平等。

企业工资不平等主要体现在以下三个方面：出口企业与非出口企业间的企业组间工资不平等；涵盖所有企业的企业组内工资不平等和进一步细分下的内销企业组内工资不平等与出口企业组内工资不平等；企业内技术工人与非技术工人间的工资不平等。本书通过构建理论模型，完整而全面地分析了贸易自由化对企业工资不平等的影响机制，使用企业数据所构建的非平衡面板进行实证分析，具有弥补现有研究不足的理论意义和提供有益政策建议的现实意义。

（1）理论意义。

借助新新贸易理论这一分析工具和理论架构，相关研究得以逐渐涉及企业层面乃至深入企业内部，探讨贸易自由化如何影响工资不平等。然而，已有文献一方面更为关注贸易自由化程度的提高会怎样影响企业之间的工资不平等，而较少深入企业内部探究不同技术工人间的工资不平等；另一方面，在分析企业间工资不平等的问题时，又往往聚焦于出口企业与内销企业的组间工资不平等，而对于贸易自由化程度的提高会对企业的组内工资不平等形成的影响则分析较少，更鲜有文献对其进行分解，对比分析内销企业以及出口企业的组内工资不平等问题。本书的研究通过构建一个完整的理论模型，较为全面地分析了贸易自由化对企业组间工资不平等、企业组内工资不平等以及企业内工资不平等的影响机制，是对现有贸易与收入分配理论的有益补充和完善。

（2）现实意义。

在改革开放初期，我国大力推进出口导向型战略，凭借着廉价劳动力的比较优势，积极融入以产品内生产环节分工为主要特征的全球价值链中。我国对外贸易的迅猛发展，为促进经济增长，增加就业岗位，创造外汇收入，做出了重要贡献。但是，在追求“效率”的同时，我们不应忽视人民对“公平”的诉求。因此，探究贸易自由化对企业工资不平等各个方面的影响机制，实证检验相关假说并提出有益的政策建议，对于我国如何在进一步扩大对外开放、促进贸易结构转型升级的同时，兼顾国内分配的公平，维持社会稳定；如何维护广大劳动者尤其是处于弱势地位的非技术劳动力的利益；如何让持续深化对外开放的红利惠及更广大的人民群众都具有重要的现实意义。

1.2 文献回顾与述评

1.2.1 贸易自由化与企业组间工资不平等

Bernard 和 Jensen（1995，1997）较早地利用美国 1992 年制造业普查数据研究发现，出口企业较非出口企业的工资更高，存在着企业组间工资不平等。随后，他们以美国 2002 年制造业企业数据进行了再检验，同样验证了企业组间工资不平等（Bernard et al.，2007a）。然而上述研究仍然只是对于事实现象的观察与发现，尚未在理论层面给予解释。Melitz（2003）通过构建企业生产率异质性模型，刻画了出口固定成本对于企业能否实现出口贸易所形成的生产率门槛，阐明了微观企业为何会出口的机制。但其假设各国间企业的相对工资为单位工资，因此无法对企业之间可能存在的工资不平等问题进行更为深入的理论分析。Amiti 和 Davis（2011）通过将“公平工资”模型引入 Melitz 模型之中，分别检视了内销企业、只出口不进口企业、只进口不出口企业以及既进口又出口企业四类企业的工资差异。他们指出，贸易自由化在中间品进口环节降低了企业生产成本的同时，在制成品出口环节提高了企业的销售收入，从而提高了企业的利润，此时利润更高的企业有意愿与能力支付更高的工资以形成对劳动者的有效激励，进而形成了企业组间工资不平等；随后以印度尼西亚的数据，实证检验了进口关税和出口关税对不同类型企业平均工资的影响，结果表明，贸易自由化程度的提高以及企业参与贸易程度的提高都将扩大企业组间工资不平等。Helpman et al.（2012）则以巴西的“企业－员工”数据实证检验了工资不平等主要形成于各个行业内，而并未呈现出较为明显的行业和劳动者特征方面的差异。同时，企业参与贸易程度的提高、自身雇佣规模的扩大都会加剧企业的组间工资不平等。Helpman（2017）通过总结已有的文献指出，贸易自由化显著扩大了企业组间工资不平等，但是另一方面，鉴于经济全球化的发展时间较短，全球价值链也仅于近年逐渐成熟完善，贸易自由化对工资不平等的累积效应十分有限，同时由于出口企业在一国所有企业中的占比往往较低，因此贸易自由化引致的企业组间工资不平等对于国内整体收入分配失衡的影响相对较小。

在我国的相关研究中，却并没有较为一致的研究结论。包群和邵敏（2010）以我国微观企业数据分析了贸易自由化程度的提高会怎样影响企业的工资增长率，其结果显示，我国贸易自由化使企业呈现“低工资增长，高劳动生产率增长”的特征，抑制了企业组间工资差距的扩大。包群等（2011a，2011b）分别以倾向得分匹配方法和倍差法对我国微观企业数据进行了实证研究，结果显示，企业的出口选择以及出口转型均未带来显著的工资提升。上述研究认为之所以贸易自由化没有显著扩大企业组间工资不平等是源于我国大量低生产率的加工贸易企业出口，鉴于加工贸易企业的盈利能力不足，相较一般贸易企业而言工资较低，进而抑制了企业组间工资不平等。而李静和彭飞（2012）的研究则得出了另外一种结论，以 OLS 回归的结果来看，出口企业较非出口企业平均工资高近 4%，而以倾向得分匹配方法检验的结果则高出近 9.4%。

已有文献主要存在着以下两方面的不足。一是在研究视角方面。我国的相关研究仅局限于对比出口企业与非出口企业的工资水平，静态地讨论了贸易开放较封闭情形下企业组间工资不平等的形成机制，而未能在此基础上研究贸易自由化程度的变化对企业组间工资不平等的动态影响。特别是受制于当前，我国缺乏较为详尽的“企业－员工”数据，难以通过较为完备的样本匹配方式，生成具有代表性的企业组间工资不平等指标，进而难以实证分析贸易自由化对企业组间工资不平等的影响。

二是在内生性方面。尽管已有研究普遍证实了出口企业较非出口企业的生产率更高进而工资更高，但是企业的出口行为却存在着“自选择”（Melitz，2003；Arkolakis，2010）与“干中学”（Baldwin 和 Gu，2003；Melitz 和 Ottaviano，2008）两种效应。“自选择”效应强调生产率相对较高的企业，不会受到出口固定成本的限制，进而可以自发地选择出口，进入国际市场。“干中学”效应则认为企业出口之后为了能够生存于国际市场，会在激烈的国际竞争中提高自身生产率水平。那么企业的出口行为与企业工资可能存在反向因果的关系，而已有研究以加入出口状态变量的滞后项（陈波和贺超群，2013）或者企业的全要素生产率（刘晴等，2017）的方法并不能很好地控制内生性问题，李静和彭飞（2012）以倾向得分匹配的方法消除了样本的自选择偏误，但仍无法较好地解决潜在的反向因果关系，因此有必要构建新的识别策略来消除潜在的内生性问题。

1.2.2 贸易自由化与企业组内工资不平等

Egger 和 Kreickemeier（2009，2012）将“公平工资”与企业异质性模型结合，指出在公平工资偏好下，一方面劳动者认为利润更高的企业理应支付更高的工资，另一方面企业有能力也有意愿支付更高的工资以对劳动者的工作能力和工作态度进行有效识别。那么在贸易开放情形下，因为生产率太低而无法在国内市场存活的破产企业所形成的失业工人会被生产率较高的企业雇佣并被给予更高的工资，进而扩大了企业组内工资不平等。Akerman et al.（2013）基于对瑞典的研究发现，贸易自由化所产生的企业组内工资不平等并非源于行业技术差异以及劳动者个体差异，而是产生在企业特征较为相近的行业内。Helpman et al.（2017）以巴西的“企业－员工”数据也得出了相近的结论，贸易开放会扩大企业组内工资不平等。

在我国的有关研究中，张川川（2015）使用微观人口数据和贸易数据估计了我国出口贸易扩张对工资收入及工资不平等的影响。结果显示，在样本期内，出口贸易显著提升了劳动者的工资收入并且缩小了城市内工资不平等。吴万宗和徐娟（2017）的实证研究认为我国的工业出口强度与企业组内工资不平等存在先上升后下降的“倒 U 型”关系。李佳和汤毅（2019）使用 1998—2007 年我国制造业企业的数据进行了实证研究，使用最终品关税和中间投入品关税分别作为贸易自由化指标，得出贸易自由化程度的提高将会大幅度降低企业组内工资不平等。刘灿雷和王永进（2019）以我国加入 WTO 作为外生冲击构建 DID 模型，将微观企业数据加总为行业数据进行实证。文章的结果显示，在利润分享机制的影响之下，出口企业组内工资不平等显著扩大。周申等（2020）同样基于我国加入 WTO 作为准自然实验，但更为注重分析中间品贸易的自由化程度变化将会如何影响企业的总体工资不平等。研究的结果则显示，从全体企业来看，工资不平等会随着中间品贸易自由化程度的提高而缩小。

然而，我国的相关研究主要存在以下两点不足。一方面是在理论上，已有研究大多以现有文献和典型事实作为理论依据，探究贸易自由化对企业组内工资不平等的影响，相对缺少一个完整的理论模型，对其中的影响机制进行刻画以及对企业组内工资不平等进行分解。另一方面是在研究视角上，已有研究主要聚焦于贸易自由化如何影响企业整体的组内工资不平等（李佳和汤毅，2019；周申等，2020）以及出口企业间的组内工资不平等（刘灿雷和王永进，2019），鲜有对内销企业组内工资不平等的考察。然而鉴于出口企业往往只占据企业总数中的小部分，有必要进一步对贸易自由化如何影响内销企业组内工资不平等进行理论和实证的分析。

1.2.3 贸易自由化与企业内工资不平等

企业内工资不平等主要体现为技术工人与非技术工人间的工资不平等，又称为“技能溢价”（skill - premium）。Katz 和 Murphy（1991）较早以 1980—1995 年美国与其他发展中国家的贸易数据，探讨了贸易自由化对技能溢价的影响，他们的研究指出贸易流动的变化会导致生产要素的变化，美国与欠发达国家及地区之间的贸易，推升了国内对于技术劳动力的需求量，进而会扩大不同技术工人之间的工资不平等。Borjas et al.（1997）则特别指出美国作为移民大国，大部分外来移民都是从事基础性工作的低学历劳动者，这扩大了非技术工人的相对供给，进而扩大了技能溢价。Acemoglu（1998）以及 Krugman（2000）的研究则从偏向性技术进步的视角探究了贸易自由化对技能溢价的影响。他们指出技术进步是有偏的，贸易开放程度的不断提高，会加快技能偏向型的技术进步，以此推升了技术工人的工资报酬，扩大了技能溢价。

上述研究在理论上仍然以新古典贸易理论为基础，因此也局限于对国家以及行业内技能溢价的分析和检验。新新贸易理论的提出为探究贸易自由化如何影响企业层面的收入分配问题提供了崭新的理论工具。Bernard et al.（2007b）为了充分考虑企业客观存在的生产率异质性，将其与传统的 H - O 模型进行了有机结合，他们以美国制造业企业数据为基础得出的研究结果与 S - S 定理一致，即贸易自由化扩大了企业技能溢价。Helpman 和 Itskhoki（2010）则有所不同，他们的研究考虑到了劳动力市场上可能存在的搜寻摩擦现象，那么贸易自由化使高生产率的企业能够获取更多贸易利润，有动力且有能力追求更高质量的技术工人，而低生产率的企业则盈利有限甚至可能退出市场，既无法为高技术工人支付高额工资，还将因退出市场而使现有员工失业，进而扩大技能溢价。Grossman 和 Helpman（2018）探究了创新驱动技术进步所带来的生产率提升与劳动力技能匹配，进一步分别论述了贸易存在与否的两种情形下，经济增长会如何影响企业的工资不平等。部分文献还从企业外包行为的视角进行了研究，Hijzen et al.（2005）、Munch 和 Skaksen（2009）以及 Baumgarten et al.（2013）等研究指出，部分发达国家的制造业企业将基础性的生产环节外包至发展中国家，而仅在本地保留技术研发、行政管理和市场投资与营销等高技术、高盈利环节，这就提高了企业技术工人对非技术工人的相对需求，进而扩大了企业内工资不平等。

在国内的相关研究方面，陈波和贺超群（2013）、杜威剑和李梦洁（2016，2017）、Dai 和 Xu（2017）通过将技术工人与非技术工人的“利润分享权力”（Bargaining power）的差异引入 Melitz 模型，借助我国的微观企业数据进行了实证分析，他们的研究指出，当出口企业的利润随着贸易自由化程度的提高而增加时，鉴于技术劳动力因为自身稀缺性所形成的较一般劳动力更强的利润分享权力，会扩大企业的技能溢价。Chen 和 Yu（2017）借助明瑟工资方程，以我国中间品关税减让考察了进口自由化将扩大企业内工资不平等。喻美辞和蔡宏波（2019）基于出口产品质量的视角，借助投入－产出表测算了企业的技能工资不平等，实证检验了在贸易自由化程度不断提高的趋势下，出口产品质量影响企业内工资不平等的传导机制。

然而已有研究的不足主要在于企业内工资不平等指标的选取与测算。一方面，部分研究以科学技术行业与制造业行业的平均工资之比或制造业职工平均工资和农林牧渔业职工平均工资之比来测算劳动力技能溢价。但是，在各个行业中，技术工人与非技术工人是并存的，上述算法在本质上仍然是行业间工资差距，而并非不同技能劳动力之间的工资差距。另一方面，鉴于当前我国微观企业数据在劳动者学历信息上的不足，部分研究以我国 2004 年企业普查数据中的劳动力技能结构为基准，以企业所在省份劳动力技能结构的年份变动为权重，对其余样本年份进行了赋值。但企业在雇佣技术与非技术劳动力时，较少会受到地域和省级行政区划分的影响，而与企业所处行业以及自身技术特征的关联更为密切。

1.3 研究思路、内容与方法

1.3.1 研究思路

鉴于已有研究在探讨贸易自由化对企业工资不平等问题时存在的局限，本书对企业工资不平等进行了详细解构，并尝试以统一的理论模型阐明贸易自由化对企业工资不平等的影响机制，通过将中国工业企业数据库以及海关进出口数据库进行合并形成非平衡面板数据，以此进行实证分析。基于相关研究结论，本书对于我国如何在不断扩大对外开放的同时，兼顾效率与公平、抑制潜在的收入分配不均，提出了相关政策建议。本书的研究思路大致如下：

首先，总结分析我国贸易自由化的发展历程和工资不平等的演化趋势，通过查阅世界银行 WITS 数据库、国家统计局以及有关年鉴等进行梳理和分析。关于我国贸易自由化的分析主要包括：总体进出口贸易发展与关税变化、各类产品的贸易自由化以及主要行业贸易自由化的发展历程及现状。关于我国工资不平等的分析主要包括：整体基尼系数的演变、各省（市）的工资不平等、城乡间工资不平等以及各行业间工资不平等的发展历程及现状。

其次，梳理相关理论，构建理论模型。基于我国贸易自由化与工资不平等的发展现状，我们试图在理论上对上述典型事实进行解释与分析。我们回顾了已有贸易理论对于贸易自由化与工资不平等问题的相关理论分析与实证检验。随后在 Egger 和 Kreickemeier（2009）所构建的模型（以下简称“E－K 模型”）的基础上进行拓展，构建一个更为完整的理论分析框架。在将企业工资不平等区分为企业组间工资不平等、企业组内工资不平等以及企业内工资不平等后，我们分别探究贸易自由化对上述三者的影响机制，并提出相关的理论命题。

然后，以实证分析检验所提出的命题。本书研究贸易自由化对企业工资不平等的影响，主要包含以下三个方面：一是对贸易自由化如何影响出口企业与内销企业间的组间工资不平等进行再检验。随后通过构建调节效应模型，进一步分析贸易自由化对企业组间工资不平等的动态影响。二是在探讨贸易自由化对全体企业组内工资不平等的影响的基础上，对企业组内工资不平等进行分解，进一步分析贸易自由化对内销企业组内工资不平等以及出口企业组内工资不平等的影响。三是将企业工资不平等延伸到企业内部，实证检验贸易自由化对企业内技术工人与非技术工人间工资不平等的影响。

最后，通过总结上述理论分析与实证结果，基于我国贸易自由化对企业工资不平等的影响，提出优化收入分配、促进共同富裕的相关政策建议。根据本书在撰写过程中所存在的诸多不足，提出对未来相关研究可能改进的方向并进行适度的展望。

根据上文中所详细阐述的研究思路，我们将更为直观的研究思路图展示于图 1－3 中，如下所示：

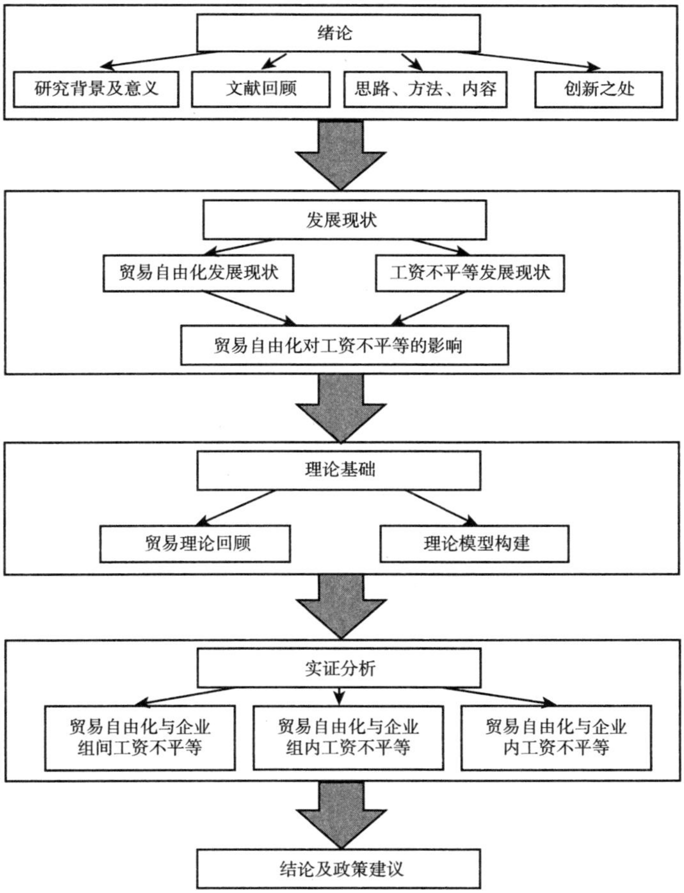

图 1－3　研究思路框架图

1.3.2 研究内容

根据本书的研究思路与研究框架图，本书共分为七个章节，各章的具体内容安排如下：

第1章为绪论。本章首先提出了本书的研究主题，并基于相关数据和现实整理出了相关的现实背景，提出了本书的主要研究意义。然后分别梳理与回顾了贸易自由化对企业组间工资不平等、企业组内工资不平等以及企业内工资不平等三个方面的最新研究进展。最后简要地介绍了论文的研究思路、研究内容、研究方法和研究的创新点。

第2章为我国贸易自由化与工资不平等的发展现状。我们首先回顾了改革开放以来我国贸易自由化的发展进程与历史脉络，随后以产品属性以及具体行业的划分为切入点，更为细致地探讨了我国贸易自由化的发展现状。此外，本章对我国近年来的基尼系数进行了整理与分析，以描绘我国总体工资不平等的演变进程。最后从更为细致的省域、城乡以及行业的视角，梳理和比较了我国工资不平等的发展现状。通过上述数据整理、比较和分析，更好地把握我国当前贸易自由化与工资不平等所呈现出的特征事实。

第3章为理论基础。本章首先对现有贸易理论有关贸易自由化如何影响工资不平等的理论与实证研究进行了整体回顾。随后我们在E－K模型的基础上进行了拓展，构建了一个完整的理论框架，全面分析了贸易自由化对企业组间工资不平等、企业组内工资不平等以及企业内工资不平等的影响机制。最后根据理论模型的推导，逐一提出相应的理论命题，为下文开展实证研究提供理论依据。

第4章为贸易自由化对企业组间工资不平等的影响。本章基于理论模型的推导与提出的命题，构建了计量模型，使用企业合并数据所构成的非平衡面板，以期对企业组间工资不平等进行再检验，并进一步探究贸易自由化对企业组间工资不平等的影响。与以往研究所不同的是，我们通过选取“企业所在省份报关口岸的数量”作为企业是否出口的工具变量，较好地克服了因“自选择效应”和“干中学效应”所产生的企业出口与企业工资的内生性问题。本章实证分析的结果显示，我国出口企业较非出口企业的平均工资更高，存在显著的组间工资不平等，而随着贸易自由化程度的不断提高，企业组间工资不平等将不断缩小。

第5章为贸易自由化对企业组内工资不平等的影响。本章在理论模型的基础上，通过构建计量模型，实证检验了贸易自由化对企业组内工资不平等的影响。相较于以往研究，我们在本章不仅考察了贸易自由化对全企业样本情形下组内工资不平等的影响，还将其进一步分解，分别考察了贸易自由化对内销企业和出口企业各自的组内工资不平等。在进行实证检验后，我们发现贸易自由化程度的提高会缩小整体企业的组内工资不平等，但细分而言，贸易自由化缩小了内销企业组内工资不平等，扩大了出口企业组内工资不平等。

第6章为贸易自由化对企业内工资不平等的影响。在第3章中，我们以E－K模型为基础，结合企业内技术工人与非技术工人“利润分享权力”的差异，分析和刻画了贸易自由化影响企业内不同技术工人间工资不平等的传导机制。与已有研究不同的是，在测算企业内工资不平等时，我们舍弃了以高技术行业与低技术行业工资差距作为代理变量，因为其本质上仍是行业间工资不平等。同时，我们借鉴了Chen和Yu（2017）的做法，并在此基础上进行了改进和修正，使企业内工资不平等的测算更为准确和完整。通过构建计量模型，对理论命题进行了实证分析，结果显示，贸易自由化程度的不断提高扩大了企业内不同技术工人间的工资不平等。

第7章为出口贸易模式与企业工资不平等。我们将企业的出口贸易模式选择问题融入理论模型之中，发现尽管企业出口面临较为高昂的出口固定成本，但部分低生产率的企业能够以选择加工贸易出口的方式获取国家政策补贴与支持，进而降低出口固定成本，以此实现出口贸易，获取贸易利润。但是由于生产率水平和盈利能力存在不足，加工贸易企业较一般贸易企业的工资将会更低。我们借助海关进出口数据库，更为准确地识别了企业的出口贸易模式，同时，为了避免企业出口贸易模式中潜在的自选择问题，我们将使用企业面临的出口固定成本作为工具变量对基准回归进行再检验。经过一系列实证分析和稳健性检验，最终的结果与所提命题保持一致。

第8章为结论与启示。本章对于本书的理论命题与实证结果进行了总结，根据实证分析所得出的有关研究结论，对我国如何在进一步扩大对外开放、由贸易大国转变为贸易强国的过程中，兼顾效率与公平，维护社会稳定，构建更为完善的收入分配机制提出了相关政策建议。最后，鉴于本书的研究过程仍然可能存在着一些不足和缺陷，我们对未来可能进行的有关研究和改进方向提出了一些猜测与展望。

1.3.3 研究方法

本书在撰写过程中所运用到的研究方法具体如下：

（1）归纳演绎法。

基于现有新新贸易理论的研究，本书在 E - K 模型的基础上，通过归纳和演绎的方法，构建了较为完整而全面的理论模型，以分析和解构贸易自由化对企业组间工资不平等、企业组内工资不平等以及企业内工资不平等的影响机制。

（2）统计分析法。

在分析我国贸易自由化与企业工资不平等的问题时，通过查阅国家统计局、世界银行 WITS 数据库、《中国统计年鉴》《中国贸易外经统计年鉴》《中国科技统计年鉴》等相关数据，对我国贸易自由化以及工资不平等的发展现状有了清晰的认识。而在进行实证研究时，我们对工业企业数据库进行了筛查和匹配，然后与海关进出口数据库进行整合，以此构建实证分析所需要的非平衡面板，并结合已有数据测算了实证分析所需要的相关指标。

（3）计量分析法。

在实证检验贸易自由化对企业工资不平等的影响时，我们以固定效应模型作为基准回归，采用工具变量和滞后项回归的方法消除潜在的内生性问题，以指标替换、异质性分析以及补充样本分析进行了稳健性检验，并且使用中介效应分析，指明了贸易自由化通过改变企业的实际利润进而影响企业工资不平等的传导路径。

（4）比较分析法。

本书多次运用了比较分析的方法，在总结我国贸易自由化与工资不平等的发展现状时，我们比较了不同产品及行业关税的差异，并对比了我国工资不平等呈现出的省域、城乡及行业差异。具体来讲，在第 4 章，我们比较分析了出口企业与内销企业的组间工资不平等；在第5章，我们将企业组内工资不平等进行了分解，对比了贸易自由化对内销企业组内工资不平等以及贸易自由化对出口企业组内工资不平等的差异化影响；在第6章中，我们比较了在同一企业内部、不同技术水平的工人之间的工资不平等；在第7章中，我们比较了采用不同贸易模式的企业之间的工资不平等。

1.4 创新之处

1.4.1 研究视角

第一，相较于以往研究大多聚焦于贸易开放情形下出口企业是否较非出口企业工资更高的静态比较，本书通过构建调节效应模型，进一步探究了贸易自由化对企业组间工资不平等的动态影响。

第二，本书分析了贸易自由化程度的提高会如何影响内销企业的组内工资不平等，弥补了已有研究大多聚焦于全体企业组内工资不平等以及出口企业组内工资不平等的不足。

第三，相较于已有研究大多聚焦于企业间工资不平等，本书将研究视角延伸至企业内部，分析了贸易自由化程度的不断提高会如何影响企业内不同技术水平的工人之间的工资不平等。

1.4.2 理论模型

本书在E－K模型的基础上，构建了较为完整而全面的理论模型，分析贸易自由化对企业组间工资不平等、企业组内工资不平等以及企业内工资不平等的影响机制。具体的创新体现在以下三个方面：

第一，我们不仅分析了贸易开放情形下，企业组间工资不平等的形成机制，还进一步探讨了贸易自由化程度的不断提高会如何影响企业的组间工资不平等。

第二，我们将企业组内工资不平等进行了分解，分别讨论了贸易自由化程度的提高对内销企业的组内工资不平等以及对出口企业的组内工资不平等的不同影响。

第三，结合企业内技术工人与非技术工人间“利润分享权力”的差异，分析了贸易自由化对企业内不同技术水平的工人之间工资不平等的影响。

第四，结合企业对出口贸易模式的不同选择，分析了加工贸易企业与一般贸易企业间的工资不平等。

1.4.3 内生性处理

第一，我们选取了“企业所在省份报关口岸的数量”作为企业是否出口的工具变量，以此识别是否存在着反向因果关系，对可能存在的内生性问题进行有效处理。

第二，相较于已有研究选择我国行业平均关税来衡量贸易自由化，我们认为关税政策作为调节收入分配的政策工具之一，可能与企业工资不平等存在内生性问题。因此我们借鉴邱斌和闫志俊（2015）的研究，根据我国十大主要出口目的地对中国出口产品所征收的关税税率，计算我国各行业的平均出口关税，此外，考虑到外国的关税制定与我国的工资不平等并无明显关联，我们还通过使用更为外生的贸易自由化指标来消除潜在的内生性问题。

2 我国贸易自由化与工资不平等的发展现状

2.1 中国贸易自由化的发展现状

2.1.1 我国贸易自由化的发展历程

经过40余年的改革开放，我国对外开放的程度不断深化，对外开放的领域持续拓展，对外开放的区域也逐渐由我国沿海地区向内陆延伸。综合来看，我国贸易自由化的发展进程与对外贸易的政策变革大致可以分为以下几个阶段：

第一阶段：1978—1991年。自1978年十一届三中全会后，我国开始进行对外贸易改革的初步探索。这一时期的对外贸易改革大致分为“三步走”，第一步是在1978—1979年间开放了广东与福建的外贸渠道，利用两省临近香港与台湾的地理优势先行先试，充分挖掘对外贸易的潜力。第二步是于1980—1983年间开设了包括深圳市在内的一系列经济特区，通过对出口加工业的进口部分给予免税的优惠政策，经济特区为以“三来一补”为主要特征的加工贸易行业的发展提供了政策支持，也为“以出养进”创造了条件。值得一提的是，由于广东、福建两省内的外贸公司具有外贸自主和外汇留存的权利，因此两省产生了推动外贸发展的强劲动力，在近15年的时间里，其出口增速是我国其他地区的两倍。第三步是全面推进贸易自由化，1984年，我国相继开放了包括广州在内的14个港口城市；1985年，开放长三角、珠三角以及闽三角为沿海经济开放区；在随后的1988年，山东半岛与辽东半岛全面开放，环渤海开放区初具雏形；上海浦东经济开发区于1990年挂牌成立，目标是将上海建设成为国际金融与国际贸易的中心，并为我国推进改革开放提供可供广泛借鉴与学习的发展经验。

伴随着我国沿海经济开放带的初步形成以及一系列改革措施的持续推进，我国的对外贸易呈现出迅猛发展的有力态势。在此阶段，我国的进出口总额年均增速高达近 27%，其中，出口占 GDP 的比重由 0.046 上升至 0.176，进口占 GDP 的比重由 0.051 上升至 0.156。

第二阶段：1992—2000 年。在 1992 年召开党的十四大后，我国开启了以对接国际贸易市场与国际贸易准则为导向的贸易体制改革。在这一阶段，我国的目标主要是恢复在 GTAA 中的缔约国地位，并且要积极地争取加入 WTO。此时，我国的对外开放呈现出由沿海向沿江、沿边以及内陆逐步延伸的态势，自 1992 年起，我国逐渐开放了包括重庆在内的 5 个沿江城市、包括绥芬河在内的 15 个内陆边境城市、以及包括哈尔滨在内的 17 个内陆省会，截至此时，我国已经基本形成了崭新的、全方位的对外开放新格局。

在这一阶段，我国的对外贸易持续扩张，并随着贸易体量的不断扩大而增速有所放缓。我国进出口总额的年平均增速相较前一阶段有所放缓，但仍然高达 20%。其中，进口占 GDP 的比重由 0.165 上升至 0.188，出口占 GDP 的比重由 0.174 上升至 0.208。值得一提的是，我国的出口贸易在这一阶段逐步超越进口，外贸依存度不断提升。

第三阶段：2001—2013 年。我国于 2001 年底正式加入世界贸易组织，结束了长达 15 年的入世谈判。在这一阶段，我国为履行入世承诺，持续推进全面的外贸体制改革。首先，在自由贸易、公平竞争及非歧视性原则下，我国积极调整和修正国内的政策法规，使之符合 WTO 的有关规定；其次，进一步放开外贸经营权，积极鼓励私营企业开展外贸活动，推动贸易主体多元化进程；最后，逐步转变外贸管理部门的职能，由行政领导向提供服务转变，减少对市场行为的过度干预，服务外贸企业做大做强。必须提及的是，2008 年突发的国际金融危机，极大地冲击了我国的进出口贸易，由于世界经济大环境的恶化，主要发达国家为了转嫁危机，对我国开展了大量的反倾销、反补贴调查，而我国也通过一系列贸易保护措施，维持出口贸易的持续稳定。

而伴随着我国加入 WTO，我国的对外开放格局也由国内的城市与地区开放向积极对外开展区域及多边合作转变。2001 年，我国与俄罗斯、哈萨克斯坦、塔吉克斯坦、乌兹别克斯坦以及吉尔吉斯斯坦签署《上海合作组织成立宣言》，标志着上海合作组织正式成立。同年，我国还与东盟十国签署了“中国－东盟自由贸易区”的协议，并于2007年完成《中国－东盟自由贸易区服务贸易协定》的签署，标志着双方在经贸领域的全面合作正式展开。期间，我国还与包括智利在内的8个国家陆续签订了自贸协定，随着我国双边贸易及区域贸易合作的蓬勃发展，我国的贸易自由化进程也迈上了新的台阶。在这一阶段，我国的对外贸易持续快速发展，进出口总额由2001年的42183.62亿元上升至2013年的258168.9亿元，进口占GDP的比重由0.181上升至0.204，出口占GDP的比重由0.198上升至0.231。

第四阶段：2013年至今，我国正迈入对外贸易的全新发展阶段。2013年8月，上海自由贸易试验区挂牌成立，将重点在政府职能转变、金融制度、贸易服务、外商投资和税收政策等多个方面推动制度改革，并大力推动转口贸易与离岸业务的探索发展。同年9月和10月，习近平总书记在出访中亚和东南亚国家期间，先后提出共建“丝绸之路经济带”和“21世纪海上丝绸之路”的重大倡议，为我国推进欧亚大陆经济整合擘画了蓝图。

在这一阶段，我国的贸易自由化进程呈现出新局面，自贸试验区在国内陆续设立，截至目前，我国共设立了包括上海在内的10个自贸试验区；双边自贸协议陆续签订，自2014年起，我国与韩国等4个国家签订了双边自贸协定；多边合作框架取得重大突破，“一带一路”倡议得到了广泛响应，2014年“亚投行”的建立，为我国与沿线有关国家在诸多领域开展深度合作搭建了良好的投资平台，截至目前，“亚投行”成员已达到103个。2020年11月，由东盟十国发起的《区域全面经济伙伴关系协定》正式签订，该协定是截至目前涵盖地域面积和人口最多的协定，其签订对深化区域交流与合作、实现多方共赢奠定了坚实基础。2020年12月，我国与欧盟正式签署《中欧全面投资协定》，其签订展现了我国持续推进高水平对外开放的决心和信心，将为中欧相互投资提供更大的市场准入、更高水平的营商环境、更有力的制度保障、更光明的合作前景。

在这一阶段，我国的对外贸易增速趋于放缓，经济增长动能逐渐由外需驱动向内需、外需共同驱动转变，我国进出口总额从2014年的264241.7亿元上升至2019年的315627.3亿元，其中进口占GDP的比重由0.187下降至

0.145，出口占 GDP 的比重由 0.223 下降至 0.174。值得一提的是，我国外贸依存度的逐步下降，是我国摆脱外贸依赖、维护经济主权与经济安全的重要保障，也为我国转变经济增长动能，不断扩大内需，增加进口，推进经济高质量发展，进而构建“双循环”新格局奠定了基础。我们将 1978 年至 2019 年我国对外贸易的发展趋势呈现在图 2－1 中。

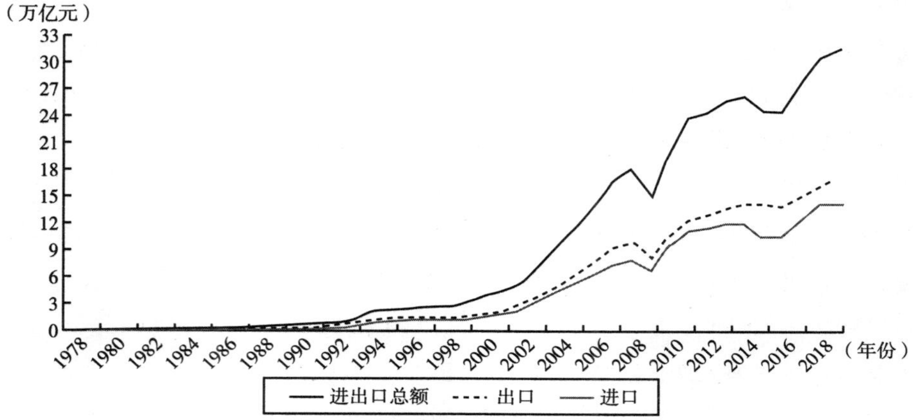

图 2－1　我国 1978—2019 年对外贸易基本情况

数据来源：国家统计局。

2.1.2　按产品类别划分的贸易自由化进程

在本小节中，我们根据世界银行 WITS 数据库中的相关数据基于产品视角展现我国贸易自由化的发展历程与变化趋势。在图 2－2 中，我们绘制了 1993—2017 年间我国资本品、中间品、消费品及原材料的平均关税变化趋势图。从图中我们可以看到，我国的关税变化呈现出较为明显的阶段性特点。在近 20 年来，我国的关税水平经历了较大幅度的下降，但在入世以后，关税减让的幅度明显有所放缓。在 2001 年之前，我国各类产品的关税除原材料外均处于非常高的水平，而在 2001 年之后，我国各类产品的关税减让过程虽仍在持续，但是下降的速度逐渐放缓，呈现出稳步降低的态势。总体而言，从 1993 年至 2017 年，我国资本品关税由 25.5% 下降至 2.6%，降幅近 90%；中间品关税由 29.1% 下降至 3.2%，降幅近 89%；消费品关税由

63.1% 下降至 11.4%，降幅近 82%；原材料关税由 8.4% 下降至 1.7%，降幅近 80%。

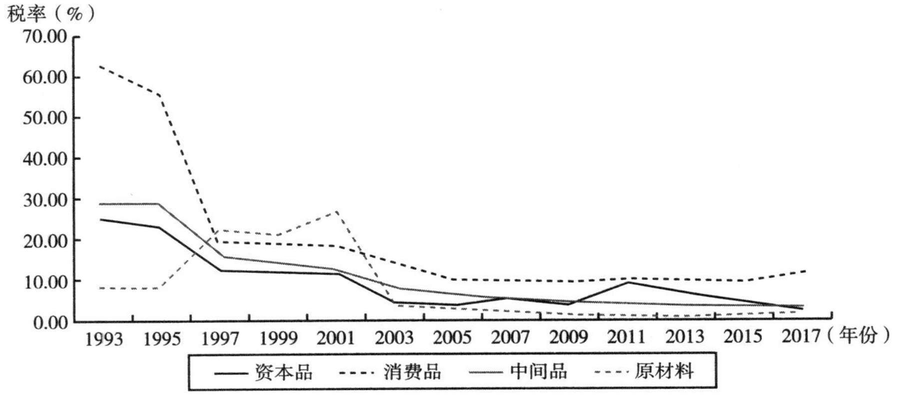

图 2-2 我国 1993—2017 年产品关税变化趋势

数据来源：世界银行 WITS 数据库。

值得一提的是，我国的产品关税中，一方面消费品关税一直处在相对较高的位置，这主要是源于对国内消费品制造业进行幼稚产业保护的现实需求；另一方面对于资本品、中间品及原材料的关税征收相对更低，也是为了适应我国长期以来的出口导向型战略，通过利用我国广大的廉价劳动力，形成竞争优势，以此能够深度地融入全球生产体系。

我们进一步将产品按照 SITC 分类标准进行了细分，同样基于世界银行 WITS 数据库，以图 2-3（1）及图 2-3（2）来分析我国 1993—2017 年细分产品关税的变化趋势。我们同样可以看到产品关税所呈现出的阶段性特征。首先，在 1995 年底，我国的各类产品进口关税发生了第一次的大幅度下降，而在 1996 年，我国以 30% 的巨大幅度，减让了 4000 余项进口商品的关税，并且对超过 170 余项商品的进口限制予以了取消，直至当年年底，我国的进口平均关税水平几近下降至 17% 的历史最低水平。然后自 2001 年起，我国正式加入 WTO，各主要产品的进口关税迎来了又一次的大幅度削减。最后，我国于 2006 年基本兑现在入世协定书中所做出的关税大幅度减让承诺，自 2006 年至今，各主要产品的关税下降幅度趋于平缓，关税税率趋于稳定。值得一提的是，我国的粮食进口关税相较于其他产品处于较高水平，一方面是出于对国内农业生产与农民利益的保护，另一方面更关乎国家粮食安全以及应对国际风险。

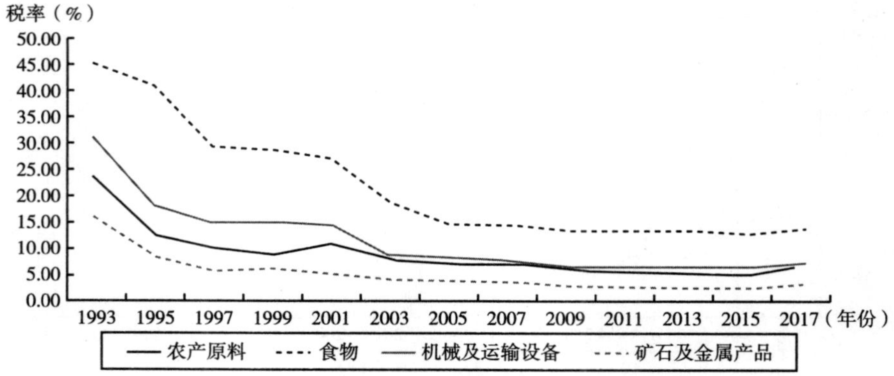

图 2-3（1） 我国细分产品 1993—2017 年关税变化趋势（1）

数据来源：世界银行 WITS 数据库。

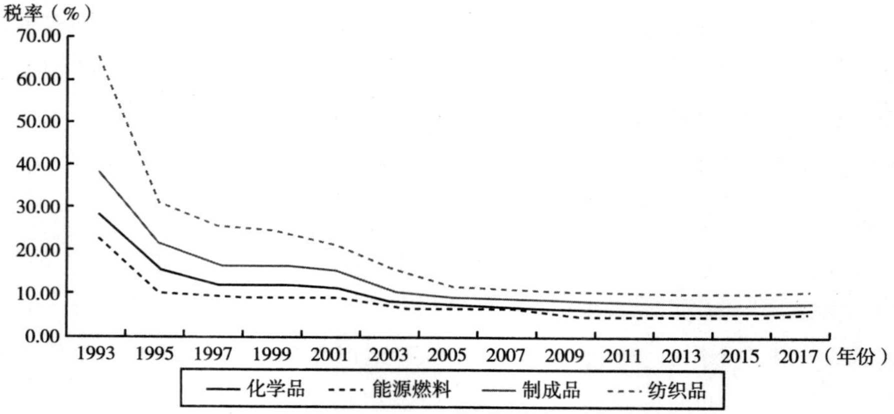

图 2-3（2） 我国细分产品 1993—2017 年关税变化趋势（2）

数据来源：世界银行 WITS 数据库。

2.1.3 按行业划分的贸易自由化进程

最后我们关注我国各行业的贸易自由化发展进程，基于世界银行 WITS 数据库所提供的数据，我们选取了我国主要行业 1993—2017 年进口平均关税的变化趋势，分别呈现在图 2 -4（1）至图 2 -4（3）中。在下面的图中，我们依然可以较为明显看到其中的阶段性特征，在 1995 年关税改革后我国主要行业的平均关税迎来了第一次较大幅度的减让，随后在入世后的 2001—2005 年间，行业关税进一步降低，以此践行我国的入世承诺，最后在 2005 年后，我国主要行业的平均关税减让幅度逐渐地放缓，并基本维持在较低水平。

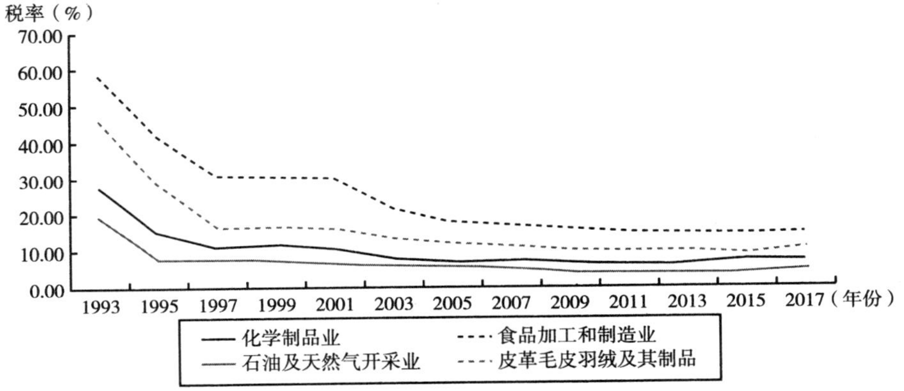

图 2 -4（1） 我国主要行业 1993—2017 年关税变化趋势（1）

数据来源：世界银行 WITS 数据库。

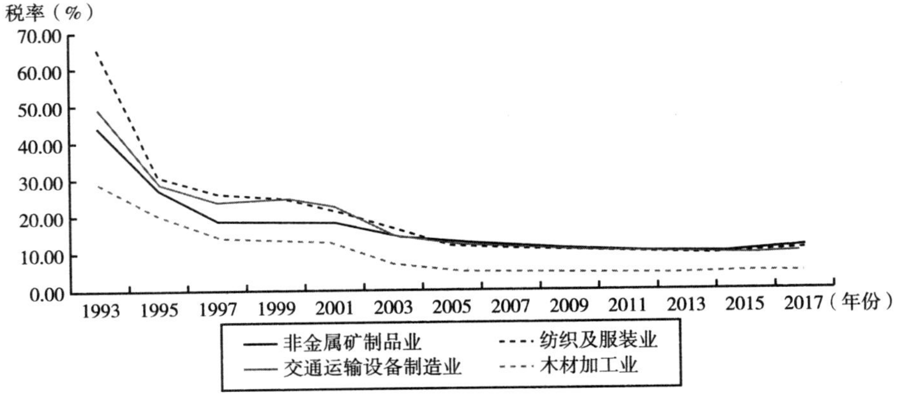

图 2 -4（2） 我国主要行业 1993—2017 年关税变化趋势（2）

数据来源：世界银行 WITS 数据库。

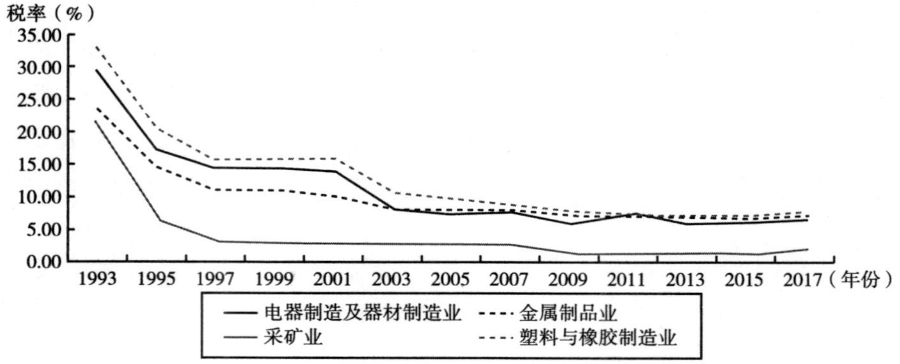

图 2－4（3） 我国主要行业 1993—2017 年关税变化趋势（3）

数据来源：世界银行 WITS 数据库。

为了更为直观地了解和对比各行业关税变化的程度以体现行业贸易自由化的变化趋势，我们分别将这些行业在 1993 年与 2017 年的关税税率进行了对比，计算出了行业关税减让幅度，并将相关数据列于表 2－1 中。我们可以看到，在期初的 1993 年，我国主要行业的平均进口关税均处于较高水平，特别是纺织及服装业与食品加工及制造业，税率分别高达 64.8% 和 57.9%；而截至 2017 年，我国的石油及天然气开采业、采矿业及石油及天然气开采业的关税相较其他行业更低，而食品加工及制造行业的关税仍然处于较高水平；从关税减让幅度来看，我国主要行业的平均进口关税已然进行了较大幅度的减让，平均减让幅度高达 70% 以上，其中采矿业、纺织及服装业还有木材加工业的减让幅度最高，而金属制品业及非金属矿制品业的减让幅度相对较低。

表 2－1　　我国主要行业关税减让幅度

行业	1993 年关税	2017 年关税	减让幅度
化学制品业	27.64%	7.33%	73.46%
食品加工及制造业	57.90%	15.04%	74.02%
石油及天然气开采业	19.29%	4.53%	76.49%
皮革毛皮羽绒及其制品	46.15%	10.61%	77.01%
电器制造及器材制造业	29.69%	6.58%	77.82%
金属制品业	23.75%	7.25%	69.47%

续表

行业	1993 年关税	2017 年关税	减让幅度
采矿业	21.85%	2.14%	90.21%
塑料及橡胶制造业	33.17%	7.66%	76.90%
非金属矿制品业	43.81%	11.57%	73.58%
纺织及服装业	64.80%	10.33%	84.05%
交通运输设备制造业	49.05%	10.58%	78.42%
木材加工业	29.04%	4.99%	82.81%

数据来源：世界银行 WITS 数据库。

2.1.4　我国加工贸易的发展历程

加工贸易是指一国通过各种不同的方式进口原料、材料或零件，利用本国的生产能力和技术加工成成品后再出口，从而获得以外汇体现的附加价值的经营活动。加工贸易形式多样，大致可以分为进料加工和对外加工装配。鉴于加工贸易是一种能够以进口原料促进制成品出口的贸易模式，因此加工贸易又被称为“以进养出”。

建国初期至改革开放以前，我国对于“以进养出”的外贸模式已经有了初步的尝试，但碍于生产力发展水平的不足和外贸环境的不稳定，加工贸易存在着规模小、方式简单、涉及领域狭窄等一系列问题，但在客观上，加工贸易仍然为我国创造了弥足珍贵的外汇收入，为往后进口关键设备与技术打开了窗口，为我国工业技术的加速进步提供了物质基础。

自改革开放以来，我国充分吸取“亚洲四小龙”的发展经验，积极开展对外贸易，积极推行出口导向型政策，大力扶持劳动力密集型加工贸易。这些措施使我国得以充分发挥自身的劳动力比较优势，弥补在资金和技术上的不足，快速融入全球价值链，嵌入全球生产分工体系之中。

1978 年 7 月，国务院发布了《开展对外加工装配业务的试行办法》，率先在广东、福建和上海等地进行试点。同年 8 月，广东省签订了第一份毛纺织品的来料加工协议，在珠海创办了我国第一家加工贸易企业，我国加工贸易从此拉开了序幕。

1988 年，我国实行沿海地区经济发展战略，明确提出要发展“两头在外，大进大出”的加工贸易，同时提出要大力发展三资企业，由此加工贸易成为我国对外开放的重要举措之一。随即国务院先后颁布了《以进养出试行办法》《关于加强综合管理促进对外加工装配业务发展的通知》等，明确了对进料加工的鼓励和扶持，放宽了对进料加工的限制。

然而，随着加工贸易的蓬勃发展，监管缺位的问题也日益凸显，由于监管措施不到位，且在我国尚存在较高关税和非关税壁垒的情况下，促使了走私的恶性膨胀，利用加工贸易的名义进行偷税、漏税的事件屡有发生，导致了国家税收流失，正常的市场秩序遭到破坏。因此，为了消除加工贸易发展中走私、偷漏税等消极因素带来的影响，1995 年，国务院出台了保证金台账制度，以加强对加工贸易的管理。

加工贸易的长期发展也带来了诸多问题，例如，加工贸易区域发展不平衡，加工贸易产业链条短、附加值低、长期处于国际产业链低端等。对此，我国政府提出了加工贸易的转型升级战略，并出台了一系列政策措施。2003 年，党的十六届三中全会首次明确了推动加工贸易转型升级的战略任务，提出要“继续发展加工贸易，着力吸引跨国公司把更高技术水平、更大增值含量的加工制造环节和研发机构转移到我国，引导加工贸易转型升级”。

为了更清晰地体现我国加工贸易的发展历程，我们通过图 2 – 5 来呈现我国加工贸易占出口贸易总额的比重和出口占 GDP 的比重。在图 2 – 5 中，我们可以看到两条曲线的变化趋势基本一致，表明在我国出口扩张对经济增长的拉动作用中，加工贸易出口做出了较大贡献，对总体经济的运行具有较大影响；同时我们也可以看到，加工贸易出口在我国出口贸易总额中的占比在相当长的一段时间内均高达一半以上，但近年来已经呈现出不断下降的趋势，这也表明加工贸易出口曾是我国对外贸易的主要形式，但随着我国经济逐渐步入高质量发展阶段，低效率、低附加值的加工贸易出口也在逐渐降低比重，并探索转型升级的出路。

同时，我们将我国历年来不同贸易模式的进出口总额呈现在表 2 – 2 中，以此进行不同贸易模式之间的横向对比。在表 2 – 2 中我们也不难看出，在相当长的一段历史时期内，加工贸易出口额较一般贸易的出口额要更高。但自 2011 年起，我国的对外贸易开始逐渐打破这一传统结构，一般贸易出口额开始超越加工贸易，这也标志着我国正逐渐向全球价值链的高端环节攀升，逐渐摒弃掉原有的低效率的加工贸易出口方式，加快对外贸易的转型升级。

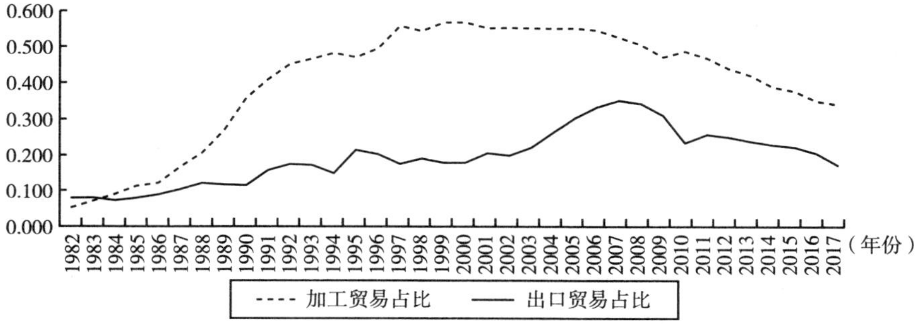

图 2－5　加工贸易占出口的比重与出口占 GDP 的比重

数据来源：《中国贸易外经统计年鉴》。

表 2－2　不同贸易模式出口额及增速

年份	加工贸易出口额（亿美元）	加工贸易出口增速（%）	一般贸易出口额（亿美元）	一般贸易出口增速（%）
1985	33.16	13.2	237.30	2.5
1990	254.20	35.2	354.60	12.5
1995	737.18	29.4	713.61	15.9
2000	1376.52	24.1	1051.81	32.9
2005	4164.67	27.0	3150.63	29.3
2010	7402.79	26.1	7206.12	36.0
2011	8352.84	12.8	9170.34	27.3
2012	8626.77	3.3	9878.99	7.7
2013	8600.40	－0.3	10873.26	10.1
2014	8842.18	2.8	12033.91	10.7
2015	7975.30	－9.8	12147.92	0.9
2016	7153.31	－10.3	11313.69	－6.9
2017	7587.68	6.1	12300.20	8.7

数据来源：《中国贸易外经统计年鉴》。

2.2 中国工资不平等的发展现状

2.2.1 我国总体收入不平等的发展历程

近40余年的高速发展在带来巨大社会财富的同时，收入分配不均的矛盾也日益凸显。我国的收入不平等主要体现在不同生产部门的人以及不同要素所有者之间，具体而言，就是广大农民以及一般工业劳动者与高技术工人以及资本所有者之间存在着较大的收入差距。特别是随着全球化进程的不断推进以及全球价值链在世界范围内的延伸，资本与劳动在全世界范围内进行配置和布局，使得资本财富收入与劳动工资收入呈现出日益分离的态势。而我国在改革开放以后，凭借着廉价劳动力带来的成本优势得以更加积极地参与国际分工，在融入世界生产体系的过程中，由于劳动力要素过剩，先进技术带来的生产率提高使得大部分收入归于资本所有者，极大地加剧了我国的收入不平等，直到我国跨过“刘易斯拐点”（蔡昉，2010a），劳动力供给出现短缺带来了工薪阶层的收入上涨，收入不平等扩大的趋势才逐步放缓。在图2-6中，我们借鉴了白重恩和钱震杰（2010）的研究，并查阅了《社会蓝皮书：2018年中国社会形势分析与预测》，绘制了我国近几年以来劳动收入占国内生产总值的比重变化趋势。

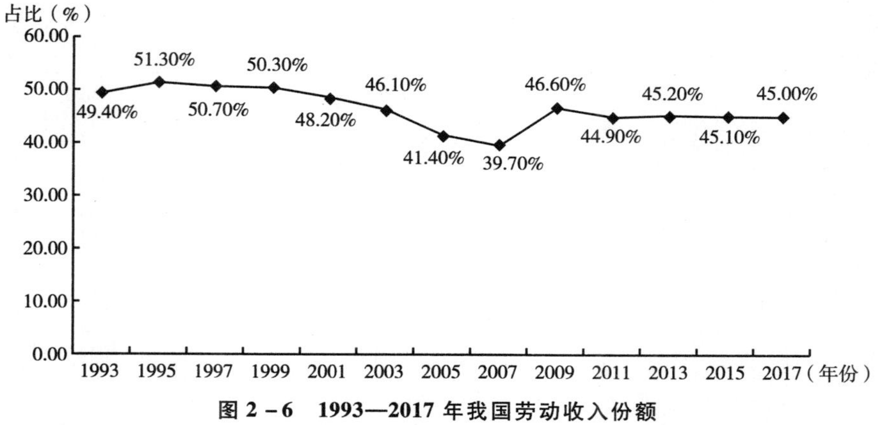

图2-6 1993—2017年我国劳动收入份额

数据来源：中国社科院《社会蓝皮书：2018年中国社会形势分析与预测》。

在图中我们可以明显地看到我国的劳动收入份额长期位于50%以下，而且在2000年后开始快速下降，直至2007年39.7%的最低点。随着2007年前后我国劳动力供给逐渐出现短缺，农民工工资实现了17%左右的增长，这使得我国的劳动收入份额有了较大幅度的提升，并于近几年逐步趋于平稳。劳动收入占比长期处于较低水平将极大地冲击社会的长期稳定与可持续发展。

我们进一步统计了我国1993—2017年的基尼系数，并将其变化趋势置于图2-7中。在图2-7中可以看到，我国的基尼系数自1993年开始不断升高，在2001年达到0.49的最高值，随后稍有下降但依然维持在0.46左右的较高水平。这意味着我国社会收入不平等程度仍然较大，切实面临着较为严峻的收入不平等问题。

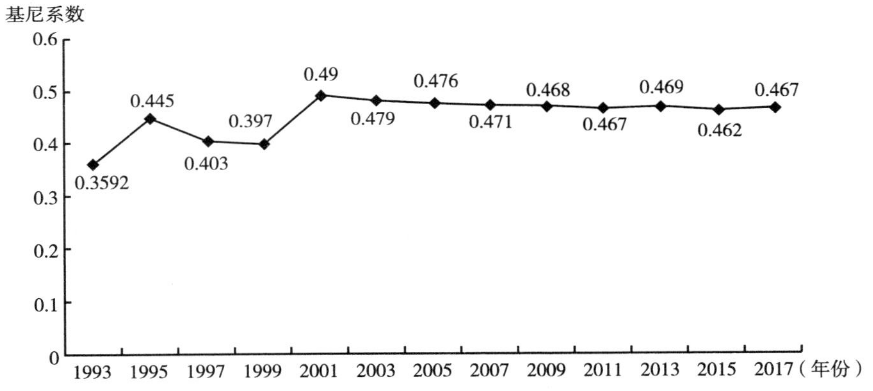

图2-7 1993—2017年我国基尼系数

数据来源：国家统计局。

在我国经济快速发展追求"效率"的同时，更应兼顾"公平"。我国通过自己的探索实现了14亿人的工业化和现代化，但是仍然不能回避大量低收入群体的客观存在。自改革开放后，我国迈入了经济全球化的浪潮之中，伴随着资本在全球范围的布局与扩张，我国也不可避免地面临着资本收益率持续高于工资增长率的局面。特别是要考虑到，农民及一般工业劳动者仍然是我国劳动生产力的主力军，工资性收入仍然是关乎广大劳动者能否安居乐业的最重要收入来源。因此，我们将从地区、城乡以及行业三个方面，进一步分析我国总体收入不平等之中工资不平等的发展现状。

2.2.2 我国地区间工资不平等

我国幅员辽阔，各地区在区位条件、要素禀赋以及政策环境等方面均存在着较大差异。为了更好地分析和梳理我国地区间工资不平等的发展历程与现状，我们通过查阅《中国统计年鉴》，首先收集了2019年全国以及各省级行政单位的居民人均工资性收入。我们对各省（市）2002年和2019年的相关数据进行了对比。我们将查阅的数据分别置于表2-3至表2-6中。

表2-3　2019年全国及各省（市）居民人均工资性收入　单位：元

全国	17186.2	黑龙江	11751.0	河南	11962.6	贵州	10557.5
北京	41214.1	上海	40024.7	湖北	14046.2	云南	10606.0
天津	27002.3	江苏	23835.7	湖南	13917.5	西藏	10334.1
河北	15535.2	浙江	28511.0	广东	26554.3	陕西	13308.7
山西	13396.0	安徽	13956.5	广西	11169.6	甘肃	10705.2
内蒙古	15922.2	福建	20679.5	海南	15580.7	青海	13204.1
辽宁	16776.0	江西	15005.9	重庆	15474.7	宁夏	14887.5
吉林	13157.6	山东	18111.3	四川	12048.8	新疆	12579.1

数据来源：《中国统计年鉴》。

在表2-3中，我们可以看到，2019年在我国各地区居民人均工资性收入中，仅有北京市、天津市、上海市、江苏省、浙江省、福建省、山东省、广东省8个地区的居民人均工资性收入高于全国平均水平，其中北京和上海高达40000元以上，而甘肃、云南、贵州及西藏则刚刚达到10000元，由此可见，经济发达地区与欠发达地区之间在居民人均工资性收入方面的差距最高达到了近4倍。

表2-4　2002年与2019年全国及各省（市）城镇居民人均工资性收入　单位：元

地区	2002年	2019年	平均增速	地区	2002年	2019年	平均增速
全国	5739.96	25564.8	9.79%	河南	4288.8	19146.4	9.80%
北京	8999.4	44327.0	10.48%	湖北	5278.2	20810.6	8.95%

续表

地区	2002 年	2019 年	平均增速	地区	2002 年	2019 年	平均增速
天津	6050.76	29588.2	10.43%	湖南	5408.16	21534.1	9.02%
河北	4497.24	22792.8	10.68%	广东	9284.16	34151.9	8.48%
山西	4704.72	19697.2	9.36%	广西	5835.84	19343.9	7.78%
内蒙古	4552.32	24459.4	11.08%	海南	4930.68	23059.3	10.12%
辽宁	1692.6	22120.5	10.18%	重庆	5190.96	22119.0	9.48%
吉林	4294.68	20570.5	10.29%	四川	4552.32	20479.2	9.85%
黑龙江	3954.12	17828.5	9.87%	贵州	4007.4	17828.5	9.78%
上海	8974.8	42328.2	10.18%	云南	5446.68	42328.2	13.67%
江苏	5494.32	30415.7	11.29%	西藏	8300.04	30415.7	8.46%
浙江	8533.8	33663.0	8.96%	陕西	4684.56	33663.0	13.12%
安徽	4438.56	22547.6	10.69%	甘肃	4866	22547.6	10.06%
福建	6869.28	27992.2	9.18%	青海	4073.88	27992.2	12.80%
江西	4598.64	23167.6	10.63%	宁夏	4366.8	23167.6	10.99%
山东	6702.72	26610.9	9.00%	新疆	5665.44	26610.9	10.15%

数据来源：《中国统计年鉴》。

在表2-4中，我们对比了2002年与2019年我国各地区城镇居民人均工资性收入，并计算了这一时期工资的年平均增速。我们可以看到，在2002年，城镇居民人均工资高于全国平均水平的省（市）有北京市、天津市、上海市、浙江省、福建省、山东省、广东省、广西壮族自治区以及西藏自治区，在2019年时则多了江苏省。同时，在2002年，辽宁省的城镇工资性收入不足2000元为全国最低，而2019年有山西省、黑龙江省、河南省、广西壮族自治区和贵州省的工资性收入不足20000元，其中黑龙江省17828.5元为全国最低。2002年，城镇人均工资性收入最高的北京市较最低的辽宁省高出近5.3倍；2019年，对比城镇人均工资性收入最高的北京市与最低的黑龙江省，二者间差距约为2.5倍，相较总体居民人均工资性收入而言，其差距相对较小。结合工资的年均增速还可以发现，我国城镇居民人均工资性收入在地区间尽管存在着较大的差距，但是在增长速度上大致相当，基本维持在10%左右。

表 2-5　　　　2002 年与 2019 年全国及各省（市）农村居民人均工资性收入

单位：元

地区	2002 年	2019 年	平均增速	地区	2002 年	2019 年	平均增速
全国	840.22	6583.5	13.73%	河南	567.07	5866.6	15.72%
北京	3429.68	21376.0	12.12%	湖北	662.19	5352.9	13.95%
天津	2060.23	14750.5	13.09%	湖南	914.31	6224.0	12.74%
河北	1043.67	8120.0	13.68%	广东	1714.11	9698.7	11.44%
山西	866.47	6098.1	12.97%	广西	686.57	4258.5	12.08%
内蒙古	320.03	3173.8	15.42%	海南	304.81	6316.6	20.86%
辽宁	1020.62	6223.6	11.96%	重庆	783.12	5316.7	12.72%
吉林	388.99	3933.2	15.56%	四川	711.38	4662.1	12.47%
黑龙江	376.55	3329.7	14.59%	贵州	386.86	4774.1	17.01%
上海	4920.43	20019.8	9.17%	云南	286.17	3600.6	17.15%
江苏	1993.74	11076.7	11.31%	西藏	205.61	3907.0	20.21%
浙江	2437.42	18479.6	13.50%	陕西	550.51	5024.6	14.82%
安徽	707.68	5462.5	13.62%	甘肃	447.41	2769.2	12.07%
福建	1246.01	8949.3	13.11%	青海	401.51	3617.3	14.73%
江西	927.35	6699.2	13.15%	宁夏	526.68	4962.7	15.05%
山东	1056.7	7165.2	12.71%	新疆	142.1	3409.2	21.97%

数据来源：《中国统计年鉴》。

在表 2-5 中，我们看到 2002 年我国农村居民人均工资性收入中，北京市、天津市、河北省、山西省、辽宁省、上海市、江苏省、浙江省、福建省、江西省、山东省、湖南省和广东省 13 个地区要高于全国平均水平；而在 2019 年高于全国平均水平的地区则减少了山西省、辽宁省和湖南省。2002 年，我国有 18 个省（市）的农村居民人均工资性收入不足 800 元，最低的新疆维吾尔自治区仅有 142.1 元，相较最高的上海市而言，相差近 34.6 倍；2019 年，我国大部分省（市）农村居民人均工资性收入大都在 5000 元以下，最低的甘肃省仅有 2769.2 元，相较最高的北京市而言，相差近 8 倍。通过对比不难看出，我国农村居民人均工资性收入在整体水平上普遍偏低，且在地区之间的差异较大，但与此同时，我国广大农村地区的工资收入确实有着大幅度的增长，且年均增速基本在 13% 左右。

表 2－6 2002 年与 2019 年全国及各省（市）城乡居民人均工资性收入之比

地区	2002 年	2019 年	地区	2002 年	2019 年
全国	6.83	3.88	河南	7.56	3.26
北京	2.62	2.07	湖北	7.97	3.89
天津	2.94	2.01	湖南	5.92	3.46
河北	4.31	2.81	广东	5.42	3.52
山西	5.43	3.23	广西	8.50	4.54
内蒙古	14.22	7.71	海南	16.18	3.65
辽宁	4.60	3.55	重庆	6.63	4.16
吉林	11.04	5.23	四川	6.40	4.39
黑龙江	10.50	5.35	贵州	10.36	3.97
上海	1.82	2.11	云南	19.03	5.65
江苏	2.76	2.75	西藏	40.37	7.14
浙江	3.50	1.82	陕西	8.51	4.18
安徽	6.27	4.13	甘肃	10.88	7.84
福建	5.51	3.13	青海	10.15	6.32
江西	4.96	3.46	宁夏	8.29	4.72
山东	6.34	3.71	新疆	39.87	6.80

数据来源：《中国统计年鉴》。

在表 2－6 中，我们进一步计算了全国各省（市）城镇居民与农村居民人均工资性收入的比值，通过对比我们可以发现，就全国平均水平而言，2002 年二者的工资之比高达近 7 倍，到 2019 年则下降为近 4 倍，而在这一时期各省（市）的城乡工资之比均呈现出不同程度的下降。在地区之间，我们可以看到相近的省（市），其城乡工资差距也大致相当，同时发达省（市）内的城乡差距也相对较小。

通过总结上述分析与相关数据，可以看出我国存在着较为明显的地区间工资不平等，特别是地区内部同时还存在着较为严重的城镇与农村间的工资不平等，而且地区间与地区内的工资不平等随着时间的推移在不断扩大。我们认为形成我国地区间工资不平等的原因大致有以下几点：一是由区位条件天然决定。我国东部沿海地区不仅在地理条件上更利于开展基础设施和项目建设，便于发展对内经济，同时集中了我国大部分的港口，使之更为接近国际市场，便于开展国际贸易，发展对外经济。二是由我国发展战略的优先顺序所决定。我国率先进行的是东部地区中沿海部分的对外开放，随后才逐步向沿江、沿边以及内陆地区延伸，使得东部地区优先享受到了改革开放带来的政策红利，而后我国才相继出台了西部大开发和中部崛起战略，逐渐兼顾到了地区间的平衡发展。三是由我国劳动人口的迁移所决定。随着我国工业化与城市化的同步推进，一方面中西部地区的劳动力不断向东部沿海地区流动；另一方面在各省（市）内部，农村人口也在不断向城市流动。而正是这样大规模的劳动人口由落后地区向发达地区涌入，不仅造成了发达地区与落后地区的工资不平等加剧，也造成了我国目前人口流出地区工资不平等加剧，同时造就了人口流入地区工资不平等在不断缩小的局面。

2.2.3 我国城乡间工资不平等

我国经济发展所取得的重大成就，离不开农业的支持与广大农民的付出，我国的高速发展在一定程度上建立在以工农业“剪刀差”来牺牲农业补贴工业的基础之上。这一方面促进了城市经济的蓬勃发展，使我国的城市化和工业化得以齐头并进，另一方面也造成了农村劳动力人口的大量外流，使农村经济发展迟滞、基础设施建设落后、公共服务供给短缺，客观上造成了城乡发展差距的全面扩大。

我们在图 2－8 中呈现了我国 2000—2019 年的 20 年间，城乡工资收入的变化趋势。我们可以看到，尽管城镇居民和农村居民的人均工资性收入在 20 年内都处于持续增长的状态，但二者的增速却存在着巨大差距，使得城乡间的工资不平等程度不断加剧。在图 2－9 中，我们详细计算了城乡工资的绝对差距和相对比率。我们从图中能够发现的是，城乡间的绝对工资差距一直在持续扩大，而比率则随着农村居民人均工资性收入的不断上升而有所下降。

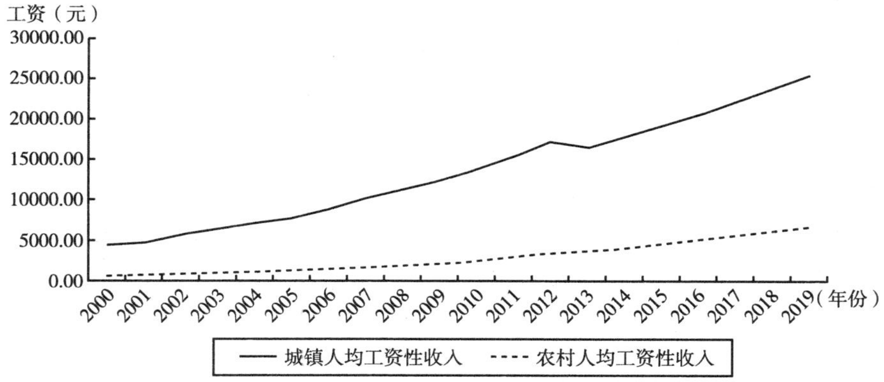

图 2－8　2000—2019 年城乡居民人均工资性收入

数据来源：《中国统计年鉴》。

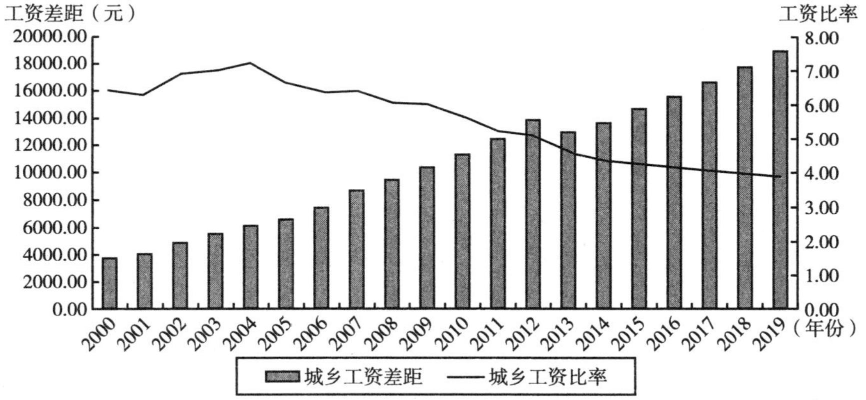

图 2－9　2000—2019 年城乡居民人均工资性收入对比

数据来源：《中国统计年鉴》。

我们认为，我国城乡间工资不平等不断加剧的原因主要有以下几点：一是我国工业化的需要。自改革开放以来，我国迫切地需要完成工业化的目标，不得不暂时以牺牲农业及农村发展为代价，通过工农业产品的剪刀差、金融抑制等政策手段以支持城市地区加速推进工业化，进而造成了城乡间的发展失衡。二是我国特有的户籍制度形成的制约。诚然，尽管我们看到了农村劳动力能够进入城市打工赚取工资，但由于户籍限制，往往在配置资产以及享受社会公共服务等权利方面与城镇居民存在差距，进而影响到劳动者的实际收入与消费支出，扩大了城乡间的工资不平等。三是我国长期存在的城乡二元结构。在我国城市工业经济蓬勃发展的同时，农村地区在交通、通信、医疗等基础设施建设方面的不足，使得农村经济的发展相对滞后。四是农村地区人力资本难以有效积累。提升工资收入离不开人力资本的积累，而农村地区一方面受制于传统教育观念，对接受教育和培训相对保守甚至排斥；另一方面，农村地区教育资源匮乏、办学条件差，在软件和硬件条件上都存在不足。而日益扩大的人力资本差异，势必会进一步扩大城乡间工资不平等。

2.2.4 我国行业间工资不平等

为了对比不同行业之间从业人员平均工资的差异，我们通过查阅历年《中国劳动统计年鉴》获取了相关数据。在表 2－7 中，我们列出了 2003—2018 年我国主要行业的平均工资，从中可以看到，各行业的平均工资均有着较大幅度的提高，年均增速都在 11% 以上。与此同时，各行业间的平均工资也存在着较大差异，诸如金融业等高技术行业的平均工资水平一直较其他行业更高，在 2018 年均达到了 12 万元以上，平均月收入超过 1 万元。而农、林、牧、渔业以及住宿和餐饮业的工资长期处于行业中的最低水平，在 2018 年这两大行业的平均月工资仅为 3000—4000 元。值得一提的是，在这一时期中，平均工资最低与最高的两大行业间平均工资的绝对差距由 2003 年的 24013 元扩大到了 2018 年 111212 元。上述各项数据之间的对比也充分体现出了高科技行业与传统行业间的劳动要素报酬差距正在不断扩大。

为了更好地表现各年度行业间平均工资的差异化程度，我们计算了每一年各个行业平均工资的标准差，并将计算的结果绘制在图 2－10 中。在图 2－10 中我们可以看到，行业平均工资的标准差一直在逐年上升，且上升速度有不断加快的趋势，这也意味着我国行业间的工资不平等问题正日益凸显。

表 2－7　2003—2018 年我国各行业平均工资

单位：元

行业＼年份	2003	2004	2005	2006	2007	2008	2009	2010	2011	2012	2013	2014	2015	2016	2017	2018	年均增速
农、林、牧、渔业	6884	7497	8207	9269	10847	12560	14356	16717	19469	22687	25820	28356	31947	33612	36504	36466	12.65%
采矿业	13627	16774	20449	24125	28185	34233	38038	44196	52230	56946	60138	61677	59404	60544	69500	81429	13.62%
制造业	12671	14251	15934	18225	21144	24404	26810	30916	36665	41650	46431	51369	55324	59470	64452	72088	13.22%
电力、燃气及水的生产和供应业	18574	21543	24750	28424	33470	38515	41869	47309	52723	58202	67085	73339	78886	83863	90348	100162	12.79%
建筑业	11328	12578	14112	16164	18482	21223	24161	27529	32103	36483	42072	45804	48886	52082	55568	60501	12.71%
交通运输、仓储和邮政业	15753	18071	20911	24111	27903	32041	35315	40466	47078	53391	57993	63416	68822	73650	80225	88508	13.12%
信息传输、计算机服务和软件业	30897	33449	38799	43435	47700	54906	58154	64436	70918	80510	90915	100845	112042	122478	133150	147678	11.82%
批发和零售业	10894	13012	15256	17796	21074	25818	29139	33635	40654	46340	50308	55838	60328	65061	71201	80551	15.36%
住宿和餐饮业	11198	12618	13876	15236	17046	19321	20860	23382	27486	31267	34044	37264	40806	43382	45751	48260	11.00%
金融业	20780	24299	29229	35495	44011	53897	60398	70146	81109	89743	99653	108273	114777	117418	122851	129837	13.98%
房地产业	17085	18467	20253	22238	26085	30118	32242	35870	42837	46764	51048	55568	60244	65497	69277	75281	11.17%
租赁和商务服务业	17020	18723	21233	24510	27807	32915	35494	39566	46976	53162	62538	67131	72489	76782	81393	85147	12.19%
科学研究、技术服务和地质勘查业	20442	23351	27155	31644	38432	45512	50143	56376	64252	69254	76602	82259	89410	96638	107815	123343	13.70%

数据来源：《中国劳动统计年鉴》。

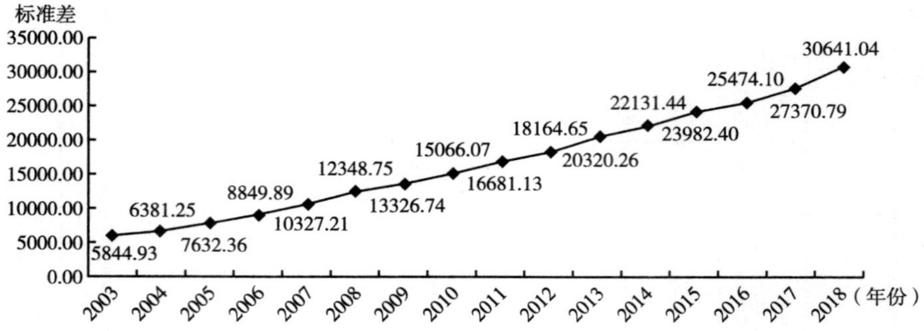

图 2-10　2003—2018 年我国行业平均工资标准差

数据来源：《中国劳动统计年鉴》。

我们认为，造成我国行业间工资不平等的原因主要有以下几点：一是基于行业垄断。由于我国经历了计划经济到市场经济的转型，部分行业仍然由大型国企所垄断，造成了垄断行业中的职工，特别是国有企业职工，相较于非垄断行业的职工工资更高，从而形成行业间工资不平等。二是各行业的劳动力技能结构存在本质差异。高新技术行业往往需要大量的专业技术人员与管理人员，而传统行业则更为需要劳动者从事相对简单的一般劳动，一般而言，技术劳动力相较非技术劳动力更为稀缺，因此也能够在劳动力市场上获取更高的薪酬，进而由于技术工人在行业从业人员中比重的差异会造成行业间的工资不平等。三是技术进步存在红利差异。技术进步往往由高技术行业作为主要推动力，使得新技术带来的垄断利润和技术红利能够为高技术行业更多、更早地享有，致使行业间的技术差异不断拉大，进而扩大行业间工资不平等。

2.3　本章小结

在本章中，我们分别对我国贸易自由化的发展历程与工资不平等的变化趋势进行了总结、梳理与对比。自改革开放以来，我国的贸易自由化进程大致经历了四个发展阶段，除了各行业及各类产品的进口平均关税在持续降低以外，我国对外开放的格局也由最初的广东、福建两省先行先试，到沿海地区逐渐开放，再到沿边地区相继开放，最后是沿江地区以及内陆地区的相继开放，直至目前在国内多地试行自贸区，在国外积极开展双边及多边合作的更高质量对外开放。随后，我们对我国加工贸易出口的发展历程进行了梳理，自改革开放以来，我国凭借劳动力禀赋优势，积极开展加工贸易出口，为我国经济增长、增加就业、创造外汇都发挥了重要的历史性作用，但随着我国综合国力的不断提升，长期低效率、低附加值的加工贸易出口不可持续，近年来，加工贸易出口占比也在不断降低。综合上述事实和当前的发展趋势来看，我国的对外贸易无论是在程度上、质量上以及开放的领域及范围上已然迈入了全新的历史阶段。

与此同时，我国的工资不平等呈现出了“先扬后抑”的变化趋势，但在近年来，其总体变化已经趋于平稳。具体到工资不平等的发展现状，在地区层面，一方面我们看到各省（市）间的工资差距以及各省（市）内部城乡间的工资差距都在不断扩大，但是另一方面，经济发展程度近似的省（市）之间的工资差距并没有显著扩大，同时在经济发展程度较高的省（市）内，城乡间的工资差距也得到了有效抑制；在城乡层面，我国城乡间的工资差距一直在持续地扩大，这与我国长期存在的城乡二元结构紧密相关，但我们也发现，随着农村地区工资水平的实质性上涨，城乡间的工资比率在近几年来已经不断缩小，相信随着我国农村城镇化和城乡统筹发展的推进，城乡间工资差距扩大的趋势能够得到一定程度的控制；在行业层面，无论是高技术行业与一般行业的工资对比还是所有行业间的工资标准差，我国行业间的工资差距也在持续不断的扩大，但我们也发现，一方面各个行业的工资增速基本保持一致，另一方面，在技术水平相近或者是薪酬水平相近的行业之间，并未呈现出较为明显的工资差距扩大，因此我们认为行业间工资差距更多的是基于行业的自身特征，而外部的影响则相对较小。

正是基于以上的发展历程与典型事实，我们认为在宏观上，与我国贸易自由化持续推进保持一致的是基尼系数的逐渐下降，这意味着贸易自由化可能会缩小我国的收入差距。而在地区、城乡以及行业等中观层面对我国工资不平等的分析，并不足以完全支持我们的假设，因此才更有必要深入到地区及行业内部，探讨贸易自由化对企业工资不平等的实际影响。

3 贸易自由化影响工资不平等的理论基础

3.1 贸易理论回顾

近年来，以单边主义和保护主义为特征的“逆全球化”趋势不断加剧，由国际贸易所引致的国内收入分配问题再度引发了人们的密切关注。贸易自由化与工资不平等一直以来都是国际经济学和劳动经济学的热点问题，在本节中，我们将回顾已有贸易理论对这一问题的相关研究，为本书构建理论框架奠定基础。

3.1.1 古典贸易理论

斯密的绝对优势理论和李嘉图的比较优势理论构成了古典贸易理论的基本分析范式。斯密认为，在劳动力作为唯一生产要素的情形下，各国在不同商品之间存在的绝对生产率差异决定了各国在专门化生产下的国际分工与贸易形式，一国在某种产品上的劳动生产率较另一国更高时则具有绝对优势，该国通过专门化生产并出口具有绝对优势的产品，进口具有绝对劣势的产品，可以节省贸易双方的劳动力成本，进而使双方都获益。但绝对优势理论存在着局限，即无法解释为何在各种产品生产上均具有绝对优势的国家仍然会与各种产品均具有绝对劣势的国家之间展开贸易往来。

李嘉图在斯密绝对优势理论的基础上进行了拓展，他指出一国并不必要在某一产品上具备绝对的生产率优势，由于各国并不必然在不同商品上存在着相同的劳动生产率差距，因此一国即便在所有产品的生产率上处于绝对劣势，但只需要专门化生产并出口其绝对劣势相对较小的产品，类似的，在所有产品生产率上具有绝对优势的国家专门化生产并出口其优势相对较大的产品，那么二者之间的相互贸易便能够实现节约劳动力成本，使双方获益。比较优势理论很好地解释了在现实中更为普遍的贸易形式，更为合理地解释了贸易产生的源泉是各个国家之间所客观存在的相对技术差距。

由于劳动力是古典贸易理论的唯一生产要素，其理论分析并未涉及劳动力要素报酬（即工资）。但是通过对李嘉图模型的简单拓展，我们不难发现，在假定封闭条件和开放条件下一国各部门的收入水平相同时，基于比较优势理论而发生的国际贸易，会使本国劳动者相对于其他国家的进口产品的实际收入上升，而对于本国生产出口产品的实际收入不变，从而我们可以基于此分析得出，基于比较优势所形成的两国贸易会共同促进双方劳动者工资收入的提高。

3.1.2 新古典贸易理论

古典贸易理论对于贸易为何会发生的解释是基于劳动力作为唯一的生产要素而形成的，但现实经济中的生产要素并非仅由劳动力所构成，比较优势的形成有待进一步的厘清。新古典贸易理论在比较优势理论的基础上，由赫克歇尔和俄林进一步提出了要素禀赋理论（即“H－O 理论”），他们认为，各国在生产要素上的禀赋差异形成了产品的比较优势，进而促成了国际贸易的产生，并决定了贸易的结构及规模。在一国中，密集使用本国丰沛要素的产品成本会更低，进而形成比较优势，反之密集使用本国稀缺要素的产品成本更高，存在比较劣势。此时，通过专门化生产并出口密集使用其丰沛要素的产品、进口密集使用其稀缺要素的产品，便可以从贸易中获利。

新古典贸易理论基于要素禀赋的视角，将要素供给、要素投入以及要素价格引入国际贸易的研究框架之中，为探究国际贸易对要素报酬的影响奠定了理论基础。斯托尔帕和萨缪尔森在要素禀赋理论的基础上，进一步拓展了对国际贸易如何影响要素报酬以及国家之间要素报酬差异的研究，他们通过构建一个包含两个国家、两种要素和两种产品的一般均衡模型，提出了要素价格均等化定理（即“S－S 定理”）。他们的分析指出，国际贸易是生产要素实现跨国流动与再配置的载体，基于要素禀赋所形成的国际贸易，将提高丰裕要素密集型商品的相对价格，使得国内相对丰裕要素的报酬上升而相对稀缺要素的报酬下降，长此以往，各国相同要素的绝对及相对价格都将会逐渐趋同。

新古典贸易理论为探讨贸易自由化与收入分配问题提供了新的理论视角和分析工具，贸易自由化会影响不同要素所有者的收益，具体到劳动要素的工资报酬而言，一方面在国与国之间，贸易自由化会提高劳动力要素相对丰裕的发展中国家的工资，而发达国家的工资则会减少，以此形成国家间工资不平等；另一方面在各国内部，我们通常认为，发达国家拥有的技术工人要比非技术工人更加充裕，那么贸易自由化会提升这些国家技术工人的工资，但会使具有同质性和可替代性的非技术工人工资下降，这就扩大了发达国家的国内“技能溢价”，而在更多的发展中国家中，上述的结论则恰好相反，“技能溢价”会逐渐缩小。

然而，新古典贸易理论的提出，建立在诸如技术相同、完全竞争、要素自由流动、产品完全同质以及零贸易成本等一系列强假设条件之下，因此对于国际贸易中的现实问题缺乏足够的解释力。首先，相较于资本在全球范围内的扩张，各国对于外籍劳工的管制往往更为严苛，这就使得资本与劳动的要素报酬差距不断扩大而非趋同；其次，发达国家与发展中国家在科学技术发展、基础设施条件以及贸易规则制定等诸多方面存在巨大的差距，这就使得双方在贸易利得上存在严重失衡，也致使当前的“南北差距”不断扩大；最后，于一国而言，尽管贸易自由化能够在参与国际分工的基础上带来贸易利润，但贸易所得是否能够惠及广大国民则与国内的收入分配政策更为相关。

3.1.3 新贸易理论

新古典贸易理论进一步解释了新古典贸易理论中所提及的贸易关键——比较优势的来源，即世界各国在要素丰裕和稀缺的程度上存在较大的差异。但是，在现实的经济活动中，其理论解释力也遭到了质疑。一方面，“里昂惕夫之谜”（1953）的提出使得要素禀赋理论无法解释为何美国作为传统意义上的资本密集型发达国家却在密集出口劳动密集型的产品；另一方面，现实贸易中所呈现出的特征，诸如：产业内贸易的发展、各国比较优势的动态演化以及相近要素禀赋的发达国家间贸易占据主导等等都与新古典贸易理论所阐述的贸易形态有所不同。因此，迫切需要新的贸易理论以适应国际贸易的发展与变化。

新贸易理论的提出，从规模经济的视角解释了产业内贸易形成的原因，并从技术创新和技术差距的视角解释了南北国家间贸易分工格局的形成与贸易利得分配的不均。

Krugman（1979）以 D－S（1977）模型为基础，在垄断竞争市场、消费者多样性偏好以及规模报酬递增的前提假设下，构建了一个包含两个要素禀赋相同的国家以及两个产业的理论模型。其研究结果表明，即使不存在要素禀赋的差异，仅仅因为一国在生产某种产品时具有规模经济，该国就可以通过专业化生产并出口该产品来降低生产成本，进而在国际市场上具有竞争优势，同时通过进口其他产品来满足国内消费者的多样性需求。从动态视角来看，专门化生产与进出口贸易会产生“干中学”效应，厂商在此过程中能够不断熟悉生产环节、积累相关知识、学习先进技术，以此不断强化规模经济效应，进而扩大生产与贸易规模。

传统贸易理论先验的假定国与国间的技术差距固定不变，没能探讨技术创新以及技术差距的动态变化对贸易的影响。Posner（1961）认为，发达国家相对于发展中国家存在技术差距，发达国家出口包含先进技术的产品，而发展中国家通过进口及模仿掌握新技术之后，能够以其低廉的劳动力成本优势迅速占领国际市场，而发达国家则会持续进行技术创新，以形成新的技术差距，由此循环往复，推动南北国家间的贸易发展。Vernon（1966）进一步提出了产品生命周期理论，他指出制成品的生命周期大致可以分为五个阶段，在各个不同的阶段中，各个国家的分工也有所不同，产品先由创新国研发，再由发达模仿国扩大规模生产，最后由发展中模仿国降低劳动成本。随着产品生命周期的演进，新产品会由技术密集型产品转变为资本密集型产品，最后成为劳动密集型产品，新产品的技术垄断优势会逐渐被后发国家模仿学习，进而转向规模经济优势和劳动力成本优势。该理论以产品生产的变化产生所形成的比较优势差别，更为合理地解释了南北贸易形态。

新贸易理论对工资不平等的讨论相对有限。一方面，从规模经济的视角来看，由于假定各国间具有相同的要素禀赋，而仅仅在产品生产的规模经济上存在差异，因此贸易所得于所有要素而言是相同的，进而不会导致较为严重的工资不平等问题。另一方面，从技术差异的视角来看，尽管发达国家的技术转让能够让后发国家更快地掌握先进生产技术、消费多样化的产品，以提高所有贸易国的福利水平，但发达国家具有技术垄断的优势，在国际贸易中能够长期占据着垄断地位并获得垄断利润，技术转让和转移生产更多的是对包括劳动力、土地、税收、污染等一系列生产成本的转嫁，本质上仍然极大地损害了欠发达国家和地区的贸易利益乃至发展利益，由此将扩大世界范围内的发展失衡。

3.1.4 新新贸易理论

新贸易理论从规模经济和技术差异的视角，解释了要素禀赋相近国家间产业内贸易的形成以及发达国家与发展中国家间形成的国际贸易格局。但是，随着全球价值链逐步形成、外包和 FDI 广泛存在以及体量庞大的跨国公司不断涌现，国际生产分工逐渐深入到产品内部，使得贸易学家开始放松已有贸易理论对于企业同质性的假定，将贸易产生的原因由早先较为宏观的国家层面与产业层面聚焦到微观层面的企业行为上来。

Bernard 和 Jensen（1997，1999）较早地提出了企业出口异质性假说，他们通过利用美国 1992 年制造业普查数据的研究证实，出口企业较非出口企业的生产率普遍更高，具体而言，在制造业行业中，出口企业较非出口企业生产率平均高出 33%，其中，劳动力密集型行业较资本密集型行业而言，出口企业与非出口企业间的生产率差异更大。但他们的研究当时尚处于基于现实数据的理论推测阶段，尚未形成系统的理论框架来刻画企业生产率异质性与企业出口行为之间的关系。

Melitz（2003）将企业生产率异质性纳入克鲁格曼的垄断竞争动态产业模型之中，以企业生产率水平的差异来解释企业的出口决策。模型中假定，由于企业在出口到国际市场前必须支付高昂的出口固定成本，因此只有生产率水平更高、盈利能力更强、市场获利更多的企业才能够支付包括：探索国外市场、获取国外市场信息、海外营销与宣传以及调整产品生产以适应国际标准等一系列生产经营成本在内的出口固定成本以进入国际市场并开展出口贸易。Bernard，Eaton，Jensen 和 Kortuin（2003）则在李嘉图的多国模型基础之上，引入企业的技术与成本差异，探究了具有生产率异质性的企业如何进行出口以及对外直接投资（即 FDI）的决策。Bernard，Jensen，Redding 和 Schott（2007）以美国 2002 年制造业企业数据，进行了更为翔实而全面的实证检验，他们的研究结论显示，出口企业较非出口企业在诸如：创造就业、货物运输量、劳动附加值、全要素生产率、平均工资、资本劳动比以及技术劳动比七个方面存在着明显的优势。上述文献基本上以生产率异质性为主要切入点，解释了现实世界中为何各国的出口企业占企业总数普遍较低却往往具有更大的经营规模与更高的生产率水平的基本事实。

新新贸易理论创造性地回答了微观企业为何会出口，为国际贸易的研究提供了新的视角与研究范式。然而，由于 Melitz 模型假定各国异质性企业仅投入同质化的劳动力作为唯一的生产要素，这就无法体现出不同的企业在工资支付上是否会存在差异，因此没能对企业在贸易活动中可能形成的工资不平等给予解释。而在 Melitz 模型的基础上，Egger 和 Kreickemeier（2009）引入了公平工资模型，通过刻画企业工资公平程度（即租金分享动机）和不同生产率企业间的收益差异程度，发现相较于封闭经济，在开放经济条件下，一方面企业进入国内市场的临界生产率会提升，进而促使低生产率的企业退出，使工资分布更加趋近于平均工资；另一方面，高生产率的企业会扩大生产规模，雇佣更多工人并基于公平工资支付更高的薪酬，由此扩大了工资不平等。而相较两种效应，贸易开放令已被雇佣工人的平均工资的增长大于企业进入国内市场临界生产率的提升比率，因此贸易开放会扩大企业的组内工资不平等。Amity 和 Davis（2012）同样借助公平工资模型，在开放经济条件下对企业参与国际贸易的形式进行了划分，通过将企业分类为内销企业、仅进口的企业、仅出口的企业以及既出口又进口的企业，发现贸易自由化一方面会降低企业进行进口的成本，同时提升企业进行出口的收入，从而会提升企业的利润，并在公平工资约束下支付给劳动者更高的工资，也正因如此，贸易自由化会扩大出口企业与非出口企业的组间工资不平等。陈波和贺超群（2013），Chen 和 Yu（2017）进一步将贸易自由化对工资不平等的影响深入到企业内部技术工人与非技术工人间的“技能溢价”，通过在 Melitz 模型的基础上引入技术工人与非技术工人在“利润分享权力”上的差异，发现无论是出口贸易自由化还是进口贸易自由化，都将使得参与贸易的企业产生更多的利润，由于技术工人较非技术工人在劳动力市场上更为稀缺，进而拥有更强的利润分享权力，因此贸易自由化会扩大企业内工资不平等。

正是基于上述主要文献，我们旨在以 E – K 模型为基础，构建一个较为完整的理论模型，更为细致地刻画贸易自由化对于企业之间甚至是企业内部不同技能水平的技术工人之间工资不平等的影响路径和传导机制。

3.2 理论模型设定

3.2.1 生产

与 Egger 和 Kreickemeier（2009）的研究一致，我们假定总产出 Y 是一般化 CES 形式的所有中间品产出的加总。

$$Y = \left[M^{-(1-\rho)}\int_{v \in V} q(\nu)^{\rho} dv\right]^{\frac{1}{\rho}} \tag{3-1}$$

其中，V 是中间品生产者 M 的产品种类集合，q 是中间品 v 的需求函数，企业将生产差异化的中间产品与同质化的最终产品，此时 $Y=Mq$。假定最终品市场完全竞争，那么价格指数为：

$$P = \left[M^{-1}\int_{v \in V} p(v)^{1-\sigma} dv\right]^{\frac{1}{1-\sigma}} \tag{3-2}$$

其中，$\sigma \equiv 1/(1-\rho)$ 为外生给定的不同中间品替代弹性，此时基于完全竞争市场假定 $P=1$，对中间品 v 的需求函数为：

$$q(v) = \frac{Y}{M} p(\nu)^{-\sigma} \tag{3-3}$$

产出 q 是企业生产率 ϕ 与单位劳动投入 l 的线性函数，$q=\phi l$。在垄断竞争条件下，企业利润最大化条件时的定价为边际成本等于边际收益，则有：

$$p(\phi) = \frac{w(\phi)}{\rho\phi\varepsilon} \tag{3-4}$$

其中，$w(\phi)$ 为企业单位产出所支付的劳动力工资，ε 为所雇佣劳动力的努力程度，此时$\frac{w(\phi)}{\phi\varepsilon}$即为企业的边际生产成本。

借鉴 Akerlof 和 Yellen（1990）的研究，我们假定劳动力存在公平工资偏好，劳动者更倾向于获得与自身努力程度 ε 相关联的公平工资$\hat{w}$。其中 $\varepsilon = min\left(\frac{w}{\hat{w}}, 1\right)$，表明当实际工资低于公平工资时，劳动力的努力程度将会下降。则对于利润最大化企业而言，其实际工资支付既无意低于公平工资以降低劳动者的生产积极性，也无意高于公平工资以产生额外的生产成本，因此我们假定 $\varepsilon = 1$。

同时，和大多数文献保持一致，我们假定公平工资由企业内部因素与劳动力市场外部因素共同决定。我们将劳动力市场因素表示为（$1-U$）$\overline{w}$，其中 U 为失业率，$\overline{w}$为劳动力平均工资。同时，企业内部因素我们以企业生产率 ϕ 衡量，则有：

$$\hat{w}(\phi) = \phi^{\theta}[(1-U)\overline{w}]^{1-\theta} \tag{3-5}$$

其中，$\theta \in (0,1)$ 可视为公平程度的参数。由于 $\varepsilon = 1$，$\hat{w}(\phi) = w(\phi)$，此时，当 $\theta = 0$ 时，则与 Melitz（2003）一致，所有企业将支付相同的单位公平工资 1，当 $\theta = 1$ 时，所有企业的边际成本均为$\frac{w(\phi)}{\phi} = 1$。

基于式（3-3）和式（3-4），企业的收入函数与利润函数分别为：

$$r(\phi) = \frac{Y}{M}\left(\frac{w(\phi)}{\rho\phi}\right)^{1-\sigma}, \qquad \pi(\phi) = \frac{Y}{\sigma M}\left(\frac{w(\phi)}{\rho\phi}\right)^{1-\sigma} - f \tag{3-6}$$

其中，f 为企业生产所支付的固定生产成本。此时，根据式（3-5），我们可以得到异质性生产率企业之间在工资支付、产品定价、产出、收入以及劳动投入等方面的比较关系：

$$\begin{cases} \frac{w(\phi_1)}{w(\phi_2)} = \left(\frac{\phi_1}{\phi_2}\right)^{\theta}, \frac{p(\phi_1)}{p(\phi_2)} = \left(\frac{\phi_1}{\phi_2}\right)^{\theta-1} \\ \frac{q(\phi_1)}{q(\phi_2)} = \left(\frac{\phi_1}{\phi_2}\right)^{\sigma(1-\theta)}, \frac{r(\phi_1)}{r(\phi_2)} = \left(\frac{\phi_1}{\phi_2}\right)^{\xi} \\ \frac{l(\phi_1)}{l(\phi_2)} = \left(\frac{\phi_1}{\phi_2}\right)^{\xi-\theta} \end{cases} \tag{3-7}$$

其中，$\xi \equiv (\sigma-1)(1-\theta)$，根据式（3－7）可知，生产率更高的企业，工资更高，产品定价更低，产出更高，同时收入更高。值得注意的是，当且仅当 $\xi>\theta$ 时，生产率更高的企业会雇佣更多的劳动力。

此时，我们定义 $\tilde{\phi}$ 为所有企业的平均生产率，则 $q(\tilde{\phi})=Y/M$ 为平均产出，结合式（3－3），则有 $p(\tilde{\phi})=1$。价格指数 P 即为：

$$P = \left[\int_0^{\infty} p(\phi)^{1-\sigma}\mu(\phi)d\phi\right]^{\frac{1}{1-\sigma}} \tag{3-8}$$

其中，$\mu(\phi)$ 为企业的生产率分布函数，根据式（3－7），可知 $\frac{p(\phi)}{p(\tilde{\phi})}=\left(\frac{\phi}{\tilde{\phi}}\right)^{\theta-1}$，同时，$P=p(\tilde{\phi})=1$，则企业的平均生产率 $\tilde{\phi}$ 为：

$$\tilde{\phi} = \left[\int_0^{\infty} \phi^{\xi}\mu(\phi)d\phi\right]^{\frac{1}{\xi}} \tag{3-9}$$

3.2.2 封闭条件下的均衡

与 Melitz（2003）保持一致，我们同样假定企业进入市场需要支付沉没成本 $f_e \geqslant 0$，然后在相同的生产率分布中随机抽取边际生产率，企业所面临的外生退出概率为 δ。我们假定企业的生产率服从帕累托分布，则累计分布函数 $G(\phi)$ 与概率密度函数 $g(\phi)$ 分别为：

$$G(\phi)=1-\phi^{-k},g(\phi)=k\phi^{-(k+1)} \tag{3-10}$$

不失一般性的，我们假定 $\phi \geqslant 1$，同时 $k>0$ 为生产率分布参数，当 $\pi(\phi^*)=0$ 时，ϕ^* 为企业进入或退出市场的临界生产率，则市场上企业的生产率分布函数 $\mu(\phi)$ 为：

$$\begin{cases} \frac{g(\phi)}{1-G(\phi^*)}=\frac{k}{\phi}\left(\frac{\phi^*}{\phi}\right)^k, & if\ \phi>\phi^* \\ 0, & 其他 \end{cases} \tag{3-11}$$

结合式（3－9）与式（3－11），可以得到平均生产率与临界生产率间的函数关系：

$$\tilde{\phi} = \left(\frac{k}{k-\xi}\right)^{\frac{1}{\xi}} \phi^{*} \tag{3-12}$$

此处我们同样假定 $k > \xi$，则市场自由进入条件（FE）为：

$$\bar{\pi} = (\phi^{*})^{k} \delta f_{e} \tag{3-13}$$

零利润条件（ZCP）为：

$$\bar{\pi} = \pi(\tilde{\phi}) = \frac{\xi k}{k-\xi} \tag{3-14}$$

结合式（3-13）和式（3-14），可以得到企业的临界生产率 ϕ^{*}：

$$\phi^{*} = \left[\frac{\xi k}{(k-\xi)\delta f_{e}}\right]^{\frac{1}{k}} \tag{3-15}$$

结合式（3-4）的利润最大化条件与式（3-5）的公平工资条件，人均工资可写成 $\rho \frac{Y}{L}$，企业所支付的工资可写为：

$$w(\phi) = \phi^{\theta}\left[\rho \frac{Y}{L}\right]^{1-\theta} \tag{3-16}$$

根据式（3-4）和式（3-16）可得均衡状态下的人均产出为：

$$\frac{Y}{L} = \tilde{\phi}(\rho)^{\theta/1-\theta} \tag{3-17}$$

根据式（3-6），可得 $r(\tilde{\phi}) = \frac{Y}{M}\left(\frac{w(\tilde{\phi})}{\rho \tilde{\phi}}\right)^{1-\sigma} = \frac{Y}{M}$，因此均衡状态下的厂商数量 M 为：

$$M = \frac{\tilde{\phi}(\rho)^{\theta/1-\theta} L}{\sigma[\pi(\tilde{\phi} + f)]} \tag{3-18}$$

此时总就业 $(1-U)L$ 为市场上所有存活企业的劳动力加总，即：

$$(1-U)L = M\int_{\phi^{*}}^{\infty} (l\phi) \frac{k}{\phi}\left(\frac{\phi^{*}}{\phi}\right)^{k} d\phi \tag{3-19}$$

结合式（3-7）、式（3-12）及式（3-17），有：

$$1-U = \frac{Y}{L\tilde{\phi}}\left(\frac{k}{k-\xi}\right)^{\frac{\theta}{\xi}} \frac{k-\xi}{k-\xi+\theta}$$

$$1-U = \rho^{\theta/1-\theta}\left(\frac{k}{k-\xi}\right)^{\frac{\theta}{\xi}} \frac{k-\xi}{k-\xi+\theta}, \tag{3-20}$$

$$k \geqslant \frac{\sigma - 1}{1 - \rho^{\sigma - 1}}$$

基于式（3－20）我们可以看到，当 $\theta = 0$ 时，$U = 0$，因此，引入公平工资模型以及对公平程度 θ 进行设置是考察失业率的关键。进一步地，我们以全部企业的平均工资$\overline{w}$与临界生产率上的企业工资 w（ϕ^*）之比来考察均衡时的组内工资不平等。

根据式（3－20），可以得到：

$$\begin{aligned} &1 - U = \rho^{\theta/1-\theta}\left(\frac{k}{k-\xi}\right)^{\frac{\theta}{\xi}}\frac{k-\xi}{k-\xi+\theta} = \frac{w(\tilde{\phi})}{\overline{w}}\rho^{\theta/1-\theta} \\ &\frac{w(\tilde{\phi})}{\overline{w}} = \left(\frac{k}{k-\xi}\right)^{\frac{\theta}{\xi}}\frac{k-\xi}{k-\xi+\theta} \end{aligned} \tag{3-21}$$

当 $\theta = 0$ 或 $\theta = \xi$ 时，与 Melitz 一致，$\frac{w(\tilde{\phi})}{\overline{w}} = 1$。根据式（3－7）可知，$\frac{w(\tilde{\phi})}{w(\phi^*)} = \left(\frac{k}{k-\xi}\right)^{\frac{\theta}{\xi}}$，因此，均衡时的企业间组内工资不平等为：

$$\frac{\overline{w}}{w(\phi^*)} = \frac{k-\xi}{k-\xi+\theta} \tag{3-22}$$

3.2.3 开放条件下的均衡

我们假定开放经济条件下存在 n 个完全对称的国家，各国在市场规模及结构上完全相同，同时企业开展贸易将面临两种贸易成本，$f_x \geqslant 0$ 为贸易固定成本，$\tau \geqslant 1$ 为贸易可变成本，与已有文献一致，我们以 τ 来衡量企业所面临的贸易自由化程度，τ 的不断下降意味着贸易自由化程度的不断提高。那么出口企业的产品价格、需求以及收入分别为：

$$\begin{cases} p_x(\phi) = \tau\frac{w(\phi)}{\rho\phi} \\ q_x(\phi) = \tau^{-\sigma}q(\phi) \\ r_x(\phi) = \tau^{1-\sigma}r(\phi) \end{cases} \tag{3-23}$$

此时，企业的收入函数与利润函数分别为：

$$r_t(\phi)=\begin{cases} r(\phi), & \text{内销企业} \\ r(\phi)+n\tau^{1-\sigma}r(\phi), & \text{出口企业} \end{cases} \tag{3-24}$$

$$\pi_t(\phi)=\begin{cases} \pi(\phi)=\dfrac{r(\phi)}{\sigma}-f, & \text{内销利润} \\ \pi_x(\phi)=\dfrac{r_x(\phi)}{\sigma}-f_x, & \text{出口利润} \end{cases} \tag{3-25}$$

与 Melitz 一致，我们假定$\tau^{\sigma-1}f_x>f$，以使得$\phi_x^*>\phi^*$，类似地，我们可以得到：

$$\tilde{\phi}_x=\left(\frac{k}{k-\xi}\right)^{\frac{1}{\xi}}\phi_x^* \tag{3-26}$$

那么，所有企业的平均生产率$\hat{\phi}_t$为：

$$\tilde{\phi}_t=\tilde{\phi}\left\{\frac{1}{1+n\chi}\left[1+n\chi\,\tau^{1-\sigma}\left(\frac{\tilde{\phi}_x}{\tilde{\phi}}\right)^{\xi}\right]\right\}^{\frac{1}{\xi}} \tag{3-27}$$

其中，$\chi=[1-G(\phi_x^*)]/[1-G(\phi^*)]=\left(\dfrac{\phi^*}{\phi_x^*}\right)^k$，为企业的出口概率。此处我们与 Egger 和 Kreickemeier（2009）保持一致，为简化计算，假定$f_x=f$。那么可以得到：

$$\left(\frac{\phi_x^*}{\phi^*}\right)^{\xi}=\frac{r(\phi_x^*)}{r(\phi^*)}=\tau^{\sigma-1} \tag{3-28}$$

在贸易开放情形下，由于$\dfrac{\overline{\pi_t}}{\overline{\pi_a}}=1+n\chi>1$，则此时的零利润条件（ZCP）为：

$$\overline{\pi_t}=\frac{\xi k}{k-\xi}(1+n\chi) \tag{3-29}$$

而企业的自由进入条件（FE）仍然不变，结合式（3-13）与式（3-29），可以得到开放经济条件下企业的临界生产率ϕ^*：

$$\phi^*=\left[\frac{\xi k}{(k-\xi)\delta f_e}(1+n\chi)\right]^{\frac{1}{k}} \tag{3-30}$$

3.2.4 贸易自由化与企业组间工资不平等

贸易开放情形下，部分高生产率的企业能够进入国际市场销售，进而成为出口企业，由此便形成了出口企业与内销企业的组间差异。根据式（3－7）与式（3－28），我们可以得到企业的组间工资不平等：

$$\frac{w(\phi_x^*)}{w(\phi^*)}=\left(\frac{\phi_x^*}{\phi^*}\right)^{\theta}=\tau^{\frac{\theta(\sigma-1)}{\xi}}=\tau^{\frac{\theta}{1-\theta}} \tag{3-31}$$

当企业生产率 $\phi\in(\phi^*,\phi_x^*)$ 时，企业为内销企业，当 $\phi>\phi_x^*$ 时，企业为出口企业。因此，$\frac{w(\phi_x^*)}{w(\phi^*)}$为生产率最低的出口企业与生产率最低的内销企业的工资之比，能够体现出口企业与内销企业间的工资不平等，我们记为Gap_S，并由此我们提出命题1。

命题1：贸易开放情形下，高生产率的企业会进行出口，由此产生了出口企业与内销企业的组间工资不平等。

命题1的经济学含义在于，贸易开放条件下，只有生产率水平更高的企业才能克服出口固定成本，进而进入国际市场，获取海外市场的贸易利润，而生产率明显不及阈值的企业则只能内销，因此二者的利润差异形成了出口企业与内销企业的组间工资不平等。

基于上述分析，我们进一步探究贸易自由化对企业的组间工资不平等的影响。

我们将 $Gap_S=\frac{w(\phi_x^*)}{w(\phi^*)}$对 τ 求导可得：

$$\frac{dGap_S}{d\tau}=\frac{\theta}{1-\theta}\cdot\tau^{\frac{\theta}{1-\theta}-1}>0 \tag{3-32}$$

由式（3－32）可得，出口企业与内销企业间的工资差距与贸易可变成本 τ 呈正相关，由此我们提出命题2。

命题2：贸易自由化程度提高（τ 越小）将缩小出口企业与内销企业间的工资差距，即组间工资不平等。

命题2的经济学含义在于，贸易自由化程度的提高会拉近企业进入国际市场和国内市场的生产率阈值，进而体现为工资最低的内销企业与出口企业的工资差距在缩小，即贸易自由化缩小了企业组间工资不平等。

3.2.5 贸易自由化与企业组内工资不平等

下面考察贸易自由化与企业组内工资不平等。与封闭经济情形类似，我们可以得到开放经济条件下的就业率：

$$1-U=\Gamma\rho^{\theta/1-\theta}\left(\frac{k}{k-\xi}\right)^{\frac{\theta}{\xi}}\frac{k-\xi}{k-\xi+\theta} \tag{3-33}$$

其中，$\Gamma\equiv\frac{1+n\tau^{-\frac{k+\theta}{1-\theta}}}{1+n\tau^{-\frac{k}{1-\theta}}}<1$，进而我们可以得到贸易开放条件下均衡时企业的组内工资不平等：

$$\frac{\overline{w}}{w(\phi^{*})}=\Gamma^{-1}\frac{k-\xi}{k-\xi+\theta} \tag{3-34}$$

对比式（3－22）与式（3－34）可以看出，贸易开放提高了临界生产率ϕ^{*}，一方面使低生产率的企业退出，缩小了总体工资不平等；另一方面，高生产率的企业会扩大生产，进而以更高的工资雇佣更多的工人，扩大了总体工资不平等。由于贸易开放导致失业增加，已被雇佣工人的平均工资上涨比率将高于临界生产率的增长比率，使得两种效应相较之下后者的影响更强，最终组内工资不平等较封闭情形扩大了Γ^{-1}。

然而上述分析：只考察了贸易开放条件下企业的组内工资不平等较封闭情形下有所扩大。在此我们进一步考察贸易自由化（τ下降）对全体企业组内工资不平等的影响。

根据式（3－34），我们记$Gap_T=\frac{\overline{w}}{w(\phi^{*})}$表示企业的组内工资不平等，以$Gap_T$对贸易自由化$\tau$求导可得：

$$\begin{aligned}\frac{dGap_T}{d\tau}&=\frac{dGap_T}{d\Gamma}\cdot\frac{d\Gamma}{d\tau}\\&=-\frac{k-\xi}{k-\xi+\theta}\cdot\Gamma^{-2}\cdot\left[\frac{n\tau^{\frac{k+\theta}{\theta-1}-1}(k+\theta)}{A(\theta-1)}-\frac{kn\tau^{\frac{k+\theta}{\theta-1}-1}(n\tau^{\frac{k+\theta}{\theta-1}}+1)}{[A(\theta-1)]^{2}}\right]>0\end{aligned} \tag{3-35}$$

其中，$A=n\tau^{\frac{k}{\theta-1}}+1$。那么根据式（3－35），全体企业的组内工资不平等与贸易可变成本τ呈正相关，由此我们提出命题3。

命题3：贸易自由化程度提高（τ越小）将缩小全体企业的组内工资不平等Gap_T。

命题3的经济学意义在于，贸易开放会扩大全体企业的组内工资不平等，但随着贸易自由化程度的不断提高，企业进入国内市场的临界生产率会提高，企业的平均利率及平均工资也会提高，但生产率提升的比例更大，进而缩小了全体企业的组内工资不平等。

然而，企业的组内工资不平等还可以进一步细分为内销企业之间的组内工资不平等以及出口企业之间的组内工资不平等。因此，我们进一步考察贸易自由化对内销企业的组内工资不平等的影响。

基于上述分析，当企业生产率 $\phi \in (\phi^*, \phi_x^*)$ 时，企业为内销企业，因此 $Gap_S = \frac{w(\phi_x^*)}{w(\phi^*)}$既可以反映出口企业与内销企业间的组间工资不平等，也可以视作生产率最高的内销企业与生产率最低的内销企业的工资之比，即内销企业间的工资不平等，我们记为Gap_D，则有 $\frac{dGap_D}{d\tau} = \frac{dGap_S}{d\tau} = \frac{\theta}{1-\theta} \cdot \tau^{\frac{\theta}{1-\theta}-1} > 0$。

最后，我们考虑贸易自由化对出口企业组内工资不平等的影响。基于前文的假定，当企业生产率 $\phi > \phi_x^*$ 时，企业为出口企业。那么当出口企业临界生产率ϕ_x^*上升时，即可视为出口企业组内工资差距的缩小，反之，则可视为扩大。因此贸易自由化对ϕ_x^*的影响即可视作贸易自由化对出口企业组内工资差距的影响，因此我们基于式（3－31），以ϕ_x^*对 τ 求导：

$$\frac{d\phi_x^*}{d\tau} = \phi^* \cdot \frac{1}{1-\theta} \cdot \tau^{\frac{1}{1-\theta}-1} + \frac{d\phi^*}{d\tau} \cdot \tau^{\frac{1}{1-\theta}} \qquad (3-36)$$

在式（3－36）中，$\phi^* \cdot \frac{1}{1-\theta} \cdot \tau^{\frac{1}{1-\theta}-1} > 0$，而$\frac{d\phi^*}{d\tau} \cdot \tau^{\frac{1}{1-\theta}} < 0$，因此$\frac{d\phi_x^*}{d\tau}$的符号因受制于 k、ξ、θ 等相关参数的设定而不能确定，只能辅之以相应的实证分析进行验证。

综合上述推导，我们提出命题 4。

命题 4：贸易自由化程度的提高（τ 越小）将缩小内销企业组内工资不平等，但对出口企业组内工资不平等的影响尚不能确定。

命题 4 所蕴含的经济学意义在于，贸易自由化程度的提高会缩小企业进入国际市场和国内市场的临界生产率差距，进而反映为内销企业的工资差距会缩小。而企业进入国际市场的临界生产率的变化受制于各项参数，因此需要以实证分析予以确定。

3.2.6　贸易自由化与企业内工资不平等

企业的工资不平等既体现为企业的组内与组间工资不平等，也体现在企业内部的“技能溢价”问题。借鉴 Chen 和 Yu（2017）的做法，我们假定企业在生产环节中需要同时使用到技术工人L_s与非技术工人L_u两种不同的劳动力，二者的工资分别为w_s与w_u。同时，劳动力工资由两部分构成，一部分是在生产前就约定的基本工资$w_s^{\ b}$与$w_u^{\ b}$，另一部分是企业实现利润后、与企业盈利相关的绩效工资$w_s^{\ v}$与$w_u^{\ v}$，其中$w_s^{\ v}=\beta_s\pi$，$w_u^{\ v}=\beta_u\pi$。$\beta_{s、u}>0$，表示由劳动力市场供需所决定的利润分享权力，亦即劳动力的议价能力。与上述文献一致，我们假定不同技术水平的劳动力享有一致的基本工资，即$w_s^{\ b}=w_u^{\ b}$，但由于技术工人较非技术工人更为稀缺，故$\beta_s>\beta_u$。

根据上述假定，我们可以得到技术工人与非技术工人之间的工资不平等 S：

$$S=(w_s^{\ b}-w_u^{\ b})+(w_s^{\ v}-w_u^{\ v})=\beta\pi,$$

$$\beta=\beta_s-\beta_u>0 \tag{3-37}$$

此时我们可以发现，技术工人与非技术工人的工资不平等与企业的利润 π 直接相关。需要说明的是，上述假定中，技术工人与非技术工人在绩效工资上的差异是基于二者在劳动力市场上供需程度不同所导致的议价能力 β，而绩效工资的差异形成于企业利润实现之后的利润分享过程，并不进入企业的最优化生产决策之中。因此，基于式（3－37）与式（3－29），我们以开放条件下企业平均利润对贸易自由化程度 τ 求导，可得：

$$\frac{dS}{d\tau}=\frac{dS}{d\pi}\cdot\frac{d\pi}{d\tau}=\beta\frac{\xi k}{k-\xi}n\left(-\frac{k}{1-\theta}\tau^{\frac{-k}{1-\theta}-1}\right)<0 \tag{3-38}$$

基于式（3－38）可知，贸易自由化与企业内工资不平等呈负向关系，因此我们提出命题 5。

命题 5：贸易自由化程度提高（τ 越小）将扩大企业内技术工人与非技术工人之间的工资不平等。

命题 5 所蕴含的经济学意义在于，贸易自由化程度的不断提高会提高所有企业的平均利润，而鉴于技术工人较非技术工人有着更强的利润分享权力，所以平均利润的提高会进一步扩大企业内工资不平等。

3.2.7 出口贸易模式与企业工资不平等

新新贸易理论在我国的实际应用中存在着一定的争议。部分研究发现，我国存在着“出口企业生产率悖论”（李春顶，2010），即出口企业的生产率较非出口企业反而更低。学者们尝试从单位贸易成本（汤二子和孙振，2012；盛丹，2013）、国内市场分割（张艳和唐宜红等，2014）、企业融资约束（Manova 和 Yu，2016；刘晴和程玲等，2017）等视角对“悖论”进行了理论分析与实证检验。其中，刘晴和张燕等（2014）、李军和刘海云（2015）、邱斌和闫志俊（2015）等相关研究放松了 Melitz 模型中关于出口固定成本同质性的假定，认为我国的加工贸易企业，在出口导向型政策的支持下，通过信贷支持、出口退税等方式，降低了企业的出口固定成本，从而能够以较低的生产率进行出口贸易并获取贸易利润。

因此，基于式（3－25），我们假定企业选择加工贸易能够通过得到政策扶持获取更低的出口固定成本，以$f_p=\alpha f_x(0<\alpha<1)$表示，且当$\tau_x^{1-\sigma}f_x>f_d$时，$f_x>f_p>f_d$，此时$\pi_x(\phi)>\pi_d(\phi)$。由于加工贸易的出口加成率较低，因此我们借鉴 Antras 和 Chor（2012a；2012b）的研究，以$0<\gamma<1$来表示加工贸易企业较低的产品议价能力，此时加工贸易企业的利润函数π_p为：

$$\pi_p(\phi)=\frac{\gamma r_p(\phi)}{\sigma}-f_p \tag{3-39}$$

那么与上述分析类似，我们可以得到加工贸易企业的临界生产率ϕ_p^*，且$\phi_p^*<\phi_x^*$。此时，企业的出口行为由生产率ϕ决定，当$\phi<\phi_d^*$时，企业会退出生产经营；当$\phi_d^*\leq\phi<\phi_p^*$时，企业会仅在国内市场销售；当$\phi_p^*\leq\phi<\phi_m^*$时，企业不仅能够内销，还能从事加工贸易出口，但存在效率损失γ；当$\phi\geq\phi_m^*$时，企业将从事一般贸易出口。

企业会根据自身生产率水平决定是否出口以及出口之后的贸易模式，以此实现利润最大化，而在公平工资情形下，企业能够实现利润与工资的均衡，进而可知$W_x>W_p$。综合上述分析，我们提出命题 6。

命题 6：在出口企业中，低生产率的企业能够选择加工贸易模式获取额外的贸易利润，但因为存在效率上的损失γ，导致盈利能力较低，因此较一般贸易企业的工资更低（$W_x > W_p$）。

命题6所蕴含的经济学意义在于，低生产率的企业倾向于选择加工贸易出口，以此规避高昂的出口固定成本，尽管损失了效率，但获得了额外的贸易利润，体现了加工贸易在促进我国出口贸易发展、创造就业岗位、提升工资收入等方面的重要贡献。那么，随着我国进一步扩大对外开放，不断推进出口贸易高质量发展，不仅有助于企业出口规模的扩张，更有利于出口企业选择高效率的一般贸易模式，实现出口贸易的提质增效与结构升级。当出口贸易在“质”与“量”两方面的稳步提升所带来的贸易利润增加，便可能加剧企业间工资差距的扩大，需要进一步完善分配制度以维持社会稳定，促进可持续发展。

值得一提的是，基于理论模型的推导，我们认为一般贸易企业较加工贸易企业的工资水平更高，但在现实中我们仍然可以观察到一些加工贸易企业的工资会高于一部分一般贸易企业。我们认为这是因为企业的工资水平尽管与其生产率水平高度相关，但仍会受到一些其他因素的影响。因此在实证分析部分，当控制了包含企业全要素生产率在内的一系列影响因素后，我们认为应当呈现出与理论分析较为一致的结果，即在控制了一系列影响企业工资的因素不变的情形下，加工贸易企业的工资应当会更低。

3.3 本章小结

本章在进行贸易理论回顾的基础上构建了一个较为完整的理论模型，试图更为准确地分析贸易自由化对企业工资不平等的影响机理。古典贸易理论由于假定劳动力要素为唯一投入品，因此各国基于自身比较优势参与国际贸易能够普遍获益，并不会导致明显的工资不平等。新古典贸易理论基于要素禀赋的视角，解释了比较优势的来源，更进一步指出尽管国际贸易会因要素的丰沛与稀缺程度而导致要素报酬不同，但最终会使各要素的价格实现均等化，那么贸易自由化会缩小发达国家与发展中国家间的工资不平等，同时于一国内部而言，贸易自由化会缩小发展中国家技术工人与非技术工人间工资不平等，发达国家则与之相反。新贸易理论认为规模经济和技术差异是国际贸易的基础，以规模经济差异所形成的国际贸易由于双方的要素禀赋结构相同，因此并不会影响工资不平等；因技术差异所形成的国际贸易会因发达国家的技术垄断不断强化其国际贸易的优势地位，进而扩大发达国家与发展中国家间的工资不平等。然而上述理论更多地局限于探讨贸易自由化如何影响国家间以及产业间的工资不平等，并没能很好地解释当前世界各国普遍存在的收入差距扩大的现象。新新贸易理论的提出，使得相关研究得以将研究的视角深入到企业的微观层面，指出只有生产率更高的企业才能实现出口，获取额外的海外贸易利润。当引入“公平工资”理论后，利润更高的企业有能力也有意愿支付更高的劳动力工资，此时开放经济相较于封闭经济条件下，会形成出口企业与非出口的组间工资不平等，同时扩大企业组内工资不平等，还会因为企业整体工资水平的提升，加剧企业内技术工人与非技术工人的工资不平等。

基于对贸易理论的回顾和总结，我们以新新贸易理论为基础，探究了贸易自由化对企业工资不平等的影响，借鉴 Egger 和 Kreickemeier（2009）的研究，构建了一个较为完整的理论模型，分析并解构了贸易自由化对企业组间工资不平等、企业组内工资不平等、企业内工资不平等的影响机制，同时还考察了不同出口贸易模式对企业工资不平等的影响。经过理论模型的推导，我们提出了相应的理论命题，并将在随后的部分中对本章所提出的命题进行实证分析和稳健性检验。

4 贸易自由化对企业组间工资不平等的影响

4.1 实证模型设定与数据说明

4.1.1 实证模型设定

为了实证检验本书在第三章中所提出的命题1与命题2，我们通过构建如下计量模型来检验企业组间工资不平等是否存在以及贸易自由化对企业组间工资不平等的影响。

$$lnW_{it} = \beta_0 + \beta_1 Ex_{it} + \beta_2 X_{it} + \beta_3 D_{it} + u_i + u_t + \varepsilon_{it} \quad (4-1)$$

$$lnW_{it} = \beta_0 + \beta_1 lntariff + \beta_2 X_{it} + \beta_3 D_{it} + u_i + u_t + \varepsilon_{it} \quad (4-2)$$

$$lnW_{it} = \beta_0 + \beta_1 lntariff + \beta_2 lntariff \cdot Ex_{it} + \beta_3 X_{it} + \beta_4 D_{it} + u_i + u_t + \varepsilon_{it} \quad (4-3)$$

其中，下标 i、t 分别代表企业与年份；被解释变量 W_{it} 为企业的平均工资，我们以企业的应付工资总额与从业人员总数的比值得到该数值，并进行对数化处理；Ex_{it} 是核心解释变量，根据该变量的不同取值判断企业是否为出口企业，$Ex_{it}=1$ 时，企业为出口企业，反之为内销企业；u_i 和 u_t 分别为个体及年份的固定效应；$lntariff$ 为企业所面临的出口关税，用来衡量贸易自由化程度，此处我们借鉴了邱斌和闫志俊（2015）的方法，计算出样本企业所在行业面临的出口关税。具体计算方法为，统计我国十大主要出口目的地[①]对中国出口产品所征收的关税税率，借鉴 Brandt（2017）的方法，根据国家

① 具体是：美国、欧盟、日本、韩国、澳大利亚、加拿大、俄罗斯、印度、中国香港及中国台湾。

统计局的 GB/T－2 分类，将两位数产业编码转为 HS 编码，在世界银行 TRAINS 数据库中获取上述贸易伙伴国对我国制造业出口产品所征关税及相应出口产品的贸易总额，最后测算出行业平均出口税率 *lntariff*①。

我们以式（4－1）来实证检验出口企业是否较内销企业的平均工资更高，进而验证企业组间工资不平等的存在。然后，在式（4－2）中，我们以 *lntariff* 对企业的平均工资进行回归，考察贸易自由化对所有企业平均工资水平的影响。最后，在式（4－3）中，我们将 Ex_{it} 加入到式（4－2）中与贸易自由化变量形成交互项，以此考察在贸易自由化影响企业平均工资的过程中，出口企业与内销企业存在着怎样的差异，进而分析出贸易自由化对企业组间工资不平等的影响。

在其他变量方面，X_{it} 为企业层面的其他控制变量，包括：①全要素生产率（$lnlp_{it}$），以 LP 方法测算企业的全要素生产率；②融资能力（$lnfin_{it}$），以负债合计与产品销售收入的比值得到；③企业规模（$lnscale_{it}$），以企业的固定资产规模作为企业规模的代理变量；④企业存续时间（$lnfirm\_age_{it}$），由样本企业所在年份减去企业开工年份得到；⑤资本劳动比（$lnkl_{it}$），以企业固定资产净值平均余额与从业人员总数的比值得到。我们对上述控制变量均进行了对数化处理。D_{it} 为相关虚拟变量，包括了企业所属行业以及所有制类型，用来控制样本企业的其他特征。

4.1.2 数据说明与描述性统计

本书所使用的样本数据为 2000—2007 年中国工业企业数据库和海关进出口数据库的合并数据，同时，为了兼顾数据的可得性与时效性问题，由于其余样本年份的中国工业企业数据库缺失了企业工资数据，我们将 2011—2013 年的样本作为本书主要结论的补充说明与再检验。中国工业企业数据库收录了企业丰富的财务信息与生产信息，但是在使用的过程中存在着诸多问

---

① 计算公式为：$Tariff_{ct} = \sum_a M_{act} \times Tariff_{act}$，其中，$M_{act} = \dfrac{Ex_{act}}{\sum_a Ex_{act}}$，$a$ 为出口目的地，c 为出口行业，t 为年份，Ex 为我国出口到目的地的出口额，$Tariff$ 为出口目的地对我国出口产品征收的税率。

题，包括：各年度样本匹配混乱、相关指标不符合会计规则、变量数值大小异常等问题。因此，我们借鉴 Brandt et al.（2012）的处理方法，以企业代码、企业名称、企业法人及企业电话等不易发生变更的数据为主要线索，对样本企业进行了跨年份匹配，构建了非平衡面板数据。随后，参照聂辉华等（2011）、毛其淋和许家云（2014）等研究的处理办法，对不符合会计准则的样本进行剔除，所剔除的样本包括：①关键指标（如：总资产、职工人数、工业总产值、固定资产净值和销售额）缺失的样本；②员工人数小于 8 人的样本；③总资产小于流动资产及总资产小于固定资产净值的样本；④销售额低于 500 万元的样本；⑤实收资本小于或等于 0 的样本；⑥利润率低于 0.1% 或高于 99% 的样本。最后，为了获取企业的贸易模式、贸易额等信息，我们参考 Tian 和 Yu（2015）的方法，按照企业名称、电话号码及邮编，将海关进出口数据库与中国工业企业数据库进行了合并。在区别企业是否为出口企业的基础上，我们将主要变量的描述性统计呈现在表 4－1 之中。

表 4－1　出口企业与内销企业主要变量描述性统计

变量名称	出口企业				内销企业			
	样本量	均值	最小值	最大值	样本量	均值	最小值	最大值
lnW_{it}	183962	9.613	2.825	14.334	881236	9.331	2.080	16.913
$lnlp_{it}$	183912	7.506	－1.852	15.253	880929	7.041	－1.695	14.886
$lnfin_{it}$	183943	－2.455	－8.981	3.457	881141	－2.419	－9.442	5.674
$lnscale_{it}$	183962	9.187	0	18.506	881236	8.317	0	18.099
$lnfirm\_age_{it}$	183962	1.837	0	7.601	881236	1.727	0	7.601
$lnkl_{it}$	183772	3.749	－6.354	10.316	879624	3.538	－6.984	10.463

数据来源：由作者统计得到。

4.2 实证结果分析

4.2.1 基准回归结果

基于上述分析与整理，我们对式（4－1）至式（4－3）进行回归，并将回归的结果置于表 4－2 中。

表 4-2　　　贸易自由化与企业组间工资不平等

	(1) *lnW*	(2) *lnW*	(3) *lnW*	(4) *lnW*	(5) *lnW*
Ex	0.0117 *** (0.00252)	0.00687 *** (0.00239)	0.00679 *** (0.00239)		
lntariff				-0.0178 *** (0.00233)	-0.0182 *** (0.00233)
lntariff × *Ex*					0.00488 *** (0.00180)
lnlp		0.121 *** (0.00119)	0.121 *** (0.00119)	0.121 *** (0.00119)	0.121 *** (0.00119)
lnfin		0.0467 *** (0.000972)	0.0466 *** (0.000972)	0.0466 *** (0.000972)	0.0466 *** (0.000972)
lnscale		-0.112 *** (0.00175)	-0.112 *** (0.00175)	-0.112 *** (0.00174)	-0.112 *** (0.00175)
lnfirm_age		0.00606 *** (0.00152)	0.00617 *** (0.00152)	0.00623 *** (0.00152)	0.00618 *** (0.00152)
lnkl		0.205 *** (0.00182)	0.205 *** (0.00182)	0.205 *** (0.00182)	0.205 *** (0.00182)
D	No	No	Yes	Yes	Yes
个体固定效应	Yes	Yes	Yes	Yes	Yes
时间固定效应	Yes	Yes	Yes	Yes	Yes
Observations	1065198	1062938	1062938	1062938	1062938
R - squared	0.206	0.276	0.276	0.276	0.276

注：系数下方括号内数值为对应稳健标准误。***、**、*分别代表1%、5%和10%的显著性水平，下同。

在表 4-2 的第 1 列中，我们仅以企业是否出口对企业的平均工资进行回归，并控制了个体固定效应与时间固定效应，结果显示，出口企业较内销企业的平均工资更高。在第 2 列与第 3 列中，我们依次加入控制变量X_{it}与D_{it}，回归结果仍然显示出口企业的平均工资更高。基于此结果，我们认为，贸易开放使得一部分企业成为出口企业，并由此形成了出口企业与内销企业的组间工资不平等，验证了本书所提出的命题1。

在表4－2的第4列中，我们以企业所面临的贸易自由化程度对企业的平均工资进行回归，回归系数显著为负，表明贸易自由化程度越高，企业的平均工资将会越高。这也表明企业贸易可变成本的下降会实质提升企业的盈利，进而提升企业员工的工资水平。在第5列中，我们进一步加入企业是否出口与贸易自由化程度的交互项，其回归系数显著为正则表明，贸易自由化在提升企业平均工资的过程中，对出口企业的提升作用要小于内销企业。也就是说，出口企业与内销企业之间的平均工资差距会随着贸易自由化程度的提高而不断缩小，这也验证了本书所提出的命题2，即贸易自由化程度的提高将缩小企业组间工资不平等。

同时，在表4－2中，我们还可以看到其他控制变量对企业平均工资的影响，*lnlp*的系数显著为正，表明企业全要素生产率的进步会提升企业的盈利能力进而提高工资水平。企业的融资能力（*lnfin*）越强，也会提高企业的工资水平，这可能是因为当企业能够较为便利地融资时，不必将过多的自有资金与营业利润留存进行内部融资，从而“挤占”劳动者报酬（赵秋运、马晶、胡巧玉，2020）。同时我们看到企业规模（*lnscale*）的系数显著为负，表明企业固定资产投资规模的提升反而会缩小企业的平均工资，这可能是因为企业在加大机器设备的投入时会形成对劳动力的替代，从而降低工资水平。企业持续经营的时间（*lnfirm_age*）越长，更倾向于以不断提升的薪酬待遇挽留现有劳动力，一方面能够减少在劳动力市场上的搜寻摩擦，另一方面能够降低培训新员工的成本。与全要素生产率的影响类似，企业的资本劳动比（*lnkl*）能够一定程度反映企业的劳动生产率，企业资本劳动比的提高也将促进平均工资的上升。

4.2.2 内生性处理

根据基准回归的结果，我们发现出口企业较内销企业的工资更高，企业存在着组间工资不平等。然而，上述结论可能存在着互为因果的内生性问题。一方面，由于“自选择”效应的存在（Melitz，2003；Arkolakis，2010），使得高生产率、高工资的企业得以出口；另一方面，基于“干中学”效应（Melitz

和 Ottaviano，2008），出口企业可能在对外贸易的过程中不断提高生产率进而提升工资水平。因此，我们通过寻找影响企业出口的工具变量，对本书所提出命题的因果关系进行有效识别。

工具变量的选取需要满足相关性与外生性的两个条件，由于本书所提出的命题，在涉及的样本企业和对应的因果关系上不尽相同，因此我们分别选取了不同的工具变量进行分析。关于企业出口对工资差距的影响，我们选取了样本企业所在省（或直辖市、自治区）具有海关报关口岸的数量[①]（*Cust*）作为企业是否出口的工具变量，我们认为企业所在地区的海关报关口岸数量越多，越便利于企业开展出口贸易，但报关口岸的设置以及数量的多寡，大多基于地理因素与当地的外贸需求，对于企业的平均工资并不产生直接影响。因此，我们认为上述所选取的工具变量，在相关性和外生性方面都得到了较好的满足。我们以上述工具变量对本文所提出的命题 1 进行内生性处理，并将 2SLS 的回归结果置于表 4－3 中。

表 4－3　　　　基于工具变量的内生性处理

	(1)	(2)	(3)	(4)
	first	second	first	second
	Ex	*lnW*	*lntariff* × *Ex*	*lnW*
Cust	0.00146*** (0.00036)			
Ex		2.83849*** (0.84782)		
lntariff × *Cust*			0.00668*** (8.84e－06)	
lntariff × *Ex*				0.0123*** (0.00241)
X	Yes	Yes	Yes	Yes
D	Yes	Yes	Yes	Yes

① 各省级行政区的报关口岸数量通过查询中华人民共和国海关总署网站中的海关统计关区代码表得到。

续表

	(1) first	(2) second	(3) first	(4) second
	Ex	*lnW*	*lntariff* × *Ex*	*lnW*
个体固定效应	Yes	Yes	Yes	Yes
时间固定效应	Yes	Yes	Yes	Yes
Observations	1062938	1062938	1062938	1062938
R - squared	0. 0433	0. 0729	0. 4935	0. 2759
弱工具变量 F 值	16. 230		5. 7e +05	

在表 4 -3 的第 1 列和第 2 列，我们以企业所属地区拥有海关报关口岸的数量作为企业是否出口的工具变量，以 2SLS 对命题 1 进行了再检验。第一阶段的回归结果显示，报关口岸的数量越多，企业越有可能成为出口企业，而第二阶段的回归结果表明，出口企业的平均工资显著高于内销企业。在表 4 -3 的第 3 列和第 4 列，由于企业是否出口可能为内生变量，进而使得交互项可能存在内生性问题，因此我们以 *Cust* × *lntariff* 作为交互项的工具变量，对式（4 -3）进行了再检验，而回归的结果也依然显示，出口企业较内销企业而言，在贸易自由化提升企业平均工资的程度上要更小一些，进而缩小了企业组间工资不平等。弱工具变量的检验结果也显示，F 值均大于经验值 10，表明不存在弱工具变量的问题。因此，在借助工具变量方法消除潜在的反向因果问题后，上述的两个主要命题仍然成立，即贸易开放情形下，确实存在着企业组间工资不平等，而贸易自由化程度的提高将缩小该不平等。

4. 3　稳健性检验

4. 3. 1　指标替换

尽管本书所选取的核心解释变量为虚拟变量，即企业是否出口与企业是否从事加工贸易，但借鉴已有研究的做法，我们以企业的出口密集度（*ex-*

port_r）作为核心解释变量的替代变量，对本书提出的命题进行回归。需要说明的是，企业的出口密集度是企业出口交货值与工业销售产值的比值，一方面，出口密集度能够辨别企业是否为出口企业，出口密集度为0的企业即为内销企业；另一方面，李春顶（2010）、余淼杰（2011）、包群和邵敏等（2011）、戴觅和余淼杰（2012）等研究指出，由于在现实贸易中存在着关税壁垒与非关税壁垒，而当前WTO已经涵盖了世界绝大多数国家，相较而言，非关税壁垒更能刻画贸易成本，而无论是何种贸易壁垒，最终都将反映在企业的实际出口份额上，也就是企业的出口密集度，因此出口密集度也能够反映企业所面临的贸易自由化程度。结合上述两个命题，我们认为，企业的出口密集度应当与企业的平均工资存在“倒U型”关系，即出口密集度越高，企业的平均工资会先上升后下降。原因在于：企业出口能够提高工资水平，并由此产生了与内销企业间的工资差距，但随着贸易自由化程度的不断提高，出口企业的平均工资将会逐渐降低，进而缩小企业组间工资不平等。我们将核心解释变量替换为企业的出口密集度并加入出口密集度的二次项，将回归的结果置于表4-4中。

表4-4　　　　基于指标替换的稳健性检验

	(1)	(2)	(3)
	lnW	*lnW*	*lnW*
export_r	0.103*** (0.0143)	0.109*** (0.0136)	0.108*** (0.0136)
$export\_r^2$	-0.0873*** (0.0145)	-0.0864*** (0.0138)	-0.0863*** (0.0138)
X	No	Yes	Yes
D	No	No	Yes
个体固定效应	Yes	Yes	Yes
时间固定效应	Yes	Yes	Yes
Observations	1065198	1062938	1062938
R-squared	0.206	0.276	0.276

我们在表4-4的第1列中，以企业的出口密集度及二次项对企业的平均工资进行回归，结果显示，二者之间呈现较为明显的“倒U型”关系。

在第 2 列和第 3 列中，我们依次加入了控制变量X_{it}与D_{it}，回归结果仍然保持一致。上述回归结果所呈现出的企业平均工资会随着出口密集度的提升而先上升后下降，这也与前述的两个主要命题相吻合，即贸易开放会产生出口企业与内销企业的组间工资不平等，但随着贸易自由化程度的提高，企业组间工资不平等将逐渐缩小。

4.3.2 异质性分析

我国的经济发展存在着较大的地区差异与不平衡，同时，我国对外贸易长期以从事低技术含量与低附加值的加工贸易为主，使我国也面临着出口贸易在全球价值链中的低端锁定风险。因此，我们认为企业所属地区是否为东部地区以及企业所属行业是否为高技术行业，对于本书的主要结论可能产生异质性影响。因此，我们在表 4－5 和表 4－6 中分别以地区和行业异质性对命题 1 和命题 2 进行了再检验。

表 4－5　　地区异质性分析

	(1)	(2)	(3)	(4)
	东部地区	中西部地区	东部地区	中西部地区
	lnW	*lnW*	*lnW*	*lnW*
Ex	0.00725*** (0.00259)	0.00899 (0.00616)		
lntariff			−0.0204*** (0.00336)	−0.0107*** (0.00328)
lntariff × *Ex*			0.00538*** (0.00197)	0.00674 (0.00440)
X	Yes	Yes	Yes	Yes
D	Yes	Yes	Yes	Yes
个体固定效应	Yes	Yes	Yes	Yes
时间固定效应	Yes	Yes	Yes	Yes
Observations	765597	297341	765597	297341
R－squared	0.273	0.286	0.273	0.286

在表4－5中我们看到，命题1与命题2的主要结论在我国东部地区仍然显著成立，但在中西部地区，其显著性有所不足，即在我国的中西部地区，企业组间工资不平等并不显著，且贸易自由化也未能显著降低出口企业的平均工资，进而缩小企业组间工资不平等。我们认为，其中可能的原因在于，我国中西部地区的整体工资水平要低于东部地区，因此企业组间工资差异在中西部地区并不显著。同时，中西部地区由于在地理条件和基础设施等方面较东部地区更不利于开展出口贸易，也因此导致贸易自由化程度的提升对中西部地区企业开展出口贸易的影响有限，进而未能显著缩小企业组间工资不平等。

表4－6　　行业异质性分析

	(1)	(2)	(3)	(4)
	高技术行业	其他行业	高技术行业	其他行业
	lnW	*lnW*	*lnW*	*lnW*
Ex	0.00697* (0.00388)	0.00657** (0.00304)		
lntariff			−0.00409 (0.00740)	−0.0103*** (0.00255)
lntariff × *Ex*			0.0153*** (0.00486)	0.00348* (0.00194)
X	Yes	Yes	Yes	Yes
D	Yes	Yes	Yes	Yes
个体固定效应	Yes	Yes	Yes	Yes
时间固定效应	Yes	Yes	Yes	Yes
Observations	313405	749533	313405	749533
R－squared	0.274	0.275	0.274	0.275

在表4－6的第1列和第2列中，我们以企业是否属于高技术行业对命题1进行了再检验，其结论与基准回归保持一致，即在各行业中，企业组间工资差距均普遍存在。在表4－6的第3列和第4列中，我们对命题2进行了再检验，回归结果依然显著，这也表明了在各行业中，贸易自由化都将缩小企业组间工资差距。根据上述分析，我们可以看到，企业出口以及贸易自由

化对企业组间工资不平等的影响并未受到行业因素的干扰。我们认为这可能是因为在样本期间内，我国各行业的整体技术水平与薪资水平仍然普遍较低，并未能呈现出行业间因技术水平的差距而形成的薪资差异。

4.3.3　中介效应分析

在理论模型部分，我们发现，出口企业由于能够获得国际市场的贸易利润，进而扩大了与内销企业之间的工资不平等，而贸易自由化程度的提高一方面提高了企业开展生产经营的临界生产率，同时也降低了企业出口的生产率门槛，使得内销企业与出口企业间的利润差异减小，进而缩小了企业组间工资不平等。因此，我们认为，贸易自由化对企业组间工资不平等的影响存在着以企业利润（*lnprofit*）为中介变量的作用机制，我们通过构建如下中介效应模型，对此进行检验。

$$lnW_{it} = \beta_0 + \beta_1 Ex_{it} + \beta_2 X_{it} + \beta_3 D_{it} + u_i + u_t + \varepsilon_{it} \tag{4-1}$$

$$lnprofit_{it} = \beta_0 + \beta_1 Ex_{it} + \beta_2 X_{it} + \beta_3 D_{it} + u_i + u_t + \varepsilon_{it} \tag{4-4}$$

$$lnW_{it} = \beta_0 + \beta_1 Ex_{it} + \beta_2 lnprofit_{it} + \beta_3 X_{it} + \beta_4 D_{it} + u_i + u_t + \varepsilon_{it} \tag{4-5}$$

为了检验在命题1中企业利润所产生的中介效应，我们首先以基准回归式（4－1）作为对照，构建解释变量对中介变量的回归方程，即式（4－4）；此外，还构建了二者对企业平均工资的回归方程，即式（4－5）。参照温忠麟等（2004）提出的逐步检验系数法，当式（4－4）与式（4－5）中Ex_{it}的系数显著，且式（4－5）$lnprofit_{it}$的系数也显著时，表明存在部分中介效应（Baron 和 Kenny，1986）；当式（4－4）中Ex_{it}的系数显著，式（4－5）中$lnprofit_{it}$的系数显著，但Ex_{it}的系数不显著时，则存在完全中介效应（Judd 和 Kenny，1981）。

类似地，为了检验命题2中企业利润所产生的中介效应，我们同样构建了中介效应模型，检验的步骤与方法同前述一致，并将中介效应的结果与相应检验的结果一并置于表4－7中。

$$lnW_{it} = \beta_0 + \beta_1 lntariff + \beta_2 lntariff \cdot Ex_{it} + \beta_3 X_{it} + \beta_4 D_{it} + u_i + u_t + \varepsilon_{it} \tag{4-3}$$

$$lnprofit_{it} = \beta_0 + \beta_1 lntariff + \beta_2 lntariff \cdot Ex_{it} + \beta_3 X_{it} + \beta_4 D_{it} + u_i + u_t + \varepsilon_{it} \tag{4-6}$$

$$lnW_{it}=\beta_0+\beta_1 lntariff+\beta_2 lntariff\cdot Ex_{it}+\beta_3 lnprofit_{it}+\beta_4 X_{it}+\beta_5 D_{it}+u_i+u_t+\varepsilon_{it} \quad (4-7)$$

表 4-7　　基于企业利润的中介效应检验

	(1)	(2)	(3)	(4)	(5)	(6)
	lnW	*lnprofit*	*lnW*	*lnW*	*lnprofit*	*lnW*
Ex	0.00679*** (0.00239)	0.0495*** (0.00378)	0.00562** (0.00239)			
lnprofit			0.0236*** (0.000986)			0.0236*** (0.000986)
lntariff				-0.0182*** (0.00233)	-0.0147*** (0.00328)	-0.0179*** (0.00233)
lntariff × Ex				0.00488*** (0.00180)	0.0258*** (0.00269)	0.00427** (0.00179)
X	Yes	Yes	Yes	Yes	Yes	Yes
D	Yes	Yes	Yes	Yes	Yes	Yes
个体固定效应	Yes	Yes	Yes	Yes	Yes	Yes
时间固定效应	Yes	Yes	Yes	Yes	Yes	Yes
Observations	1062938	1062938	1062938	1062938	1062938	1062938
R-squared	0.276	0.641	0.277	0.276	0.641	0.277

在表 4-7 的前 3 列，我们对命题 1 中可能存在的以企业利润为中介变量的中介效应进行了检验，根据逐步检验系数的方法，第 2 列中企业是否出口的系数显著为正，表明出口企业较内销企业的利润更高，在囊括了中介变量之后的回归中，企业出口的系数仍然显著，同时企业利润的系数也显著，表明存在着部分中介效应。其中，企业利润的增长会提升企业的平均工资，这与本书在理论模型推导中的结论是一致的。在第 4—6 列中，我们类似地对命题 2 中可能存在的中介效应进行了检验，同样依据逐步检验系数的方法，在第 5 列中，贸易自由化以及交互项系数均显著，且在第 6 列中，在加入企业利润后，各主要变量的系数依然显著，表明同样存在着部分中介效应。而值得一提的是，在第 5 列中，我们看到贸易自由化的系数显著为正，而交互项系数显著为负，表明在贸易自由化程度不断提高的过程中，出口企业的利润水平较内销企业而言更低，也由此导致了第 6 列中的结果，即贸易

自由化尽管会提升企业利润，企业利润也将提升企业平均工资水平，但在此过程中将缩小企业组间工资不平等。

4.3.4 补充样本检验

由于2008—2010年的中国工业企业数据库在工资数据上存在缺失，因此我们在基准回归中与现有研究类似，仅实证检验了2000—2007年的样本。而为了能够弥补本书在时效性上的不足，我们尝试对2011—2013年的合并数据进行实证分析，以作为本书主要结论的补充和检验，并将回归的结果至于表4-8中。需要说明的是，由于样本中缺少企业的工业增加值，因而无法计算相应的全要素生产率，我们在控制变量中予以了舍去。

表4-8　补充样本检验

	(1)	(2)	(3)	(4)
	lnW	*lnW*	*lnW*	*lnW*
Ex	0.0395*** (0.00580)	0.0362*** (0.00471)		
lntariff			-0.00148 (0.00572)	-0.0407** (0.0166)
lntariff × *Ex*			0.0217*** (0.00377)	0.0177*** (0.00302)
X	No	Yes	No	Yes
D	No	Yes	No	Yes
个体固定效应	Yes	Yes	Yes	Yes
时间固定效应	Yes	Yes	Yes	Yes
Observations	681044	633026	681044	633026
R-squared	0.038	0.469	0.038	0.469

在表4-8的第1列和第3列，我们仅加入了企业是否出口以及贸易自由化和相应的交互项，在第2列与第4列中我们进一步加入了其余控制变量。在表4-8中，主要变量的符号与显著性都与基准回归一致，表明本书所提出的命题1与命题2在后续的时间样本中依然成立。

4.4 本章小结

在第3章中，我们在E-K模型的基础上进行了拓展，根据理论模型的推导我们提出了相应的命题1与命题2，即相较于封闭经济情形，贸易开放形成了企业组间工资不平等，出口企业较内销企业的平均工资更高，同时，随着贸易自由化程度的不断提高，会逐渐缩小企业组间工资不平等。我们以2000—2007年中国工业企业数据库与海关进出口数据库的合并数据对上述命题进行了实证检验，基准回归的结果显示，出口企业较内销企业的平均工资更高，同时，尽管贸易自由化程度的提高会普遍提升企业的平均工资水平，但相较于内销企业而言，贸易自由化对出口企业平均工资的提升作用更小，进而将缩小企业组间工资不平等。在经过内生性处理、指标替换后，上述结论依然稳健。异质性分析的结果显示，我国企业组间工资不平等以及贸易自由化对组间工资不平等的影响在东部地区更为明显，在中西部地区并不显著，同时对于企业所属行业而言并未体现出明显差异。经过中介效应分析，我们还进一步发现，贸易自由化存在着以企业实际利润为中介变量的影响机制，对企业平均工资及企业组间工资不平等产生了显著的部分中介效应。

基于上述结论，我们认为尽管贸易开放形成了企业组间工资不平等，但随着我国持续扩大对外开放，企业组间工资不平等程度在不断降低，使得更多企业特别是一部分低生产率的企业能够随着出口临界生产率的降低而开展出口贸易，获取海外市场利润。这不仅有助于增加企业经营利润并进而提升劳动者的工资收入，对于抑制工资不平等也具有积极作用。因此，在进一步坚持对外开放的同时，我们还应不断完善分配制度，加强社会福利与社会保障体系的建设，使贸易所得能够更好的为全民共享，同时应当进一步放宽劳动力流动限制，实现区域协调发展，促进劳动力要素的自由流动，充分发挥劳动力集聚特别是高层次人才的集聚带来的技术外溢效应，提升经济发展的活力与创造力。

5 贸易自由化对企业组内工资不平等的影响

5.1 实证模型设定与数据说明

5.1.1 实证模型设定

为了实证检验本书在第三章中所提出的命题3与命题4，我们构建如下计量模型来实证检验贸易自由化对企业组内工资不平等的影响以及贸易自由化分别对内销企业组内工资不平等和出口企业组内工资不平等的影响。

$$lnQ_{jst} = \beta_0 + \beta_1 lntariff_{jt} + \beta_2 X_{jst} + u_j + u_t + \varepsilon_{jt} \quad (5-1)$$

其中，下标 j、s、t 分别表示行业、省份与时间，Q_{jst} 为被解释变量，为以省份划分的行业内企业工资的标准差，我们借鉴了刘灿雷和王永进（2020）的做法，由于工资标准差能够反映行业内企业工资的差异程度，因此被用来刻画企业组内工资不平等。$lntariff_{jt}$ 为核心解释变量，为行业贸易自由化程度，与前文一致，我们仍然选用各行业所面临的出口关税。X_{jst} 为省－行业层面的控制变量，u_j、u_t 分别为行业及时间固定效应，ε_{jt} 为随机扰动项。

我们以式（5－1）来考察贸易自由化对行业内全部企业组内工资不平等的影响，以此验证命题3。进一步地，我们通过对实证样本进行划分，分别考察贸易自由化对行业中内销企业工资不平等的影响和对行业中出口企业工资不平等的影响，以此验证命题4。

需要说明的是，之所以我们在此选用了省－行业数据来检验企业组内工资不平等，是因为在理想情形下，考察企业组内工资不平等，应当选取在各项企业经营指标上均没有显著差异、仅在工资水平上存在差异的配对企业作为实证样本，以这类样本企业所面临的贸易自由化程度来验证相关命题。但在现实情形中，我们很难找到符合上述条件的样本企业。因此我们借鉴了刘灿雷和王永进（2020）的思想，并做出了改进，将企业数据加总到省－行业层面，构建新的面板数据，并通过加总全部企业、内销企业、出口企业的方式，得到不同的样本，以此分别考察贸易自由化对企业组内工资不平等的影响。因此，在控制变量集X_{jst}中，我们同样是以企业的相应指标加总到省－行业层面，与前文一致，其中包括了：全要素生产率（$lnlp$）、融资能力（$lnfin$）、企业规模（$lnscale_{it}$）、企业存续时间（$lnfirm\_age_{it}$）、资本劳动比（$lnkl_{it}$）等，这些指标均是以企业数据加总到省－行业层面，以此形成相应的行业平均指标，最后我们还加入了行业的市场竞争程度（hhi_{jt}），以行业赫芬达尔指数来衡量。

5.1.2 数据说明与描述性统计

本章所采用的依然是2000—2007年工业企业数据库与海关进出口数据库的合并数据。与前文一致，我们在使用中国工业企业数据库时依然按照Brandt et al.（2012）的处理方法，对数据库进行了跨年份匹配，构建非平衡面板数据。随后，参照聂辉华等（2011）、毛其淋和许家云（2014）等研究的处理办法，对不符合基本会计准则的样本进行了剔除，最后以Tian和Yu（2015）的方法，按照企业名称、电话号码及邮编为匹配变量，将海关进出口数据库合并于中国工业企业数据库之中。

我们按照全样本、内销企业样本和出口企业样本作为区分标准，对本章所使用的数据及所使用的相关指标进行了描述性统计，并呈现在表5－1至表5－3中。

表5－1　全样本的描述性统计

变量名称	样本量	均值	最小值	最大值
lnQ_{jst}	6966	9.776	2.031	16.471
$lntariff_{jt}$	6966	0.668	－4.493	3.435
$lnlp_{jst}$	6966	7.293	1.977	14.253

续表

变量名称	样本量	均值	最小值	最大值
$lnfin_{jst}$	6966	-2.583	-7.089	0.301
$lnscale_{jst}$	6966	8.976	1.791	17.983
$lnfirm\_age_{jst}$	6966	1.921	0.231	4.418
$lnkl_{jst}$	6966	3.739	-3.052	10.161
hhi_{jt}	6966	0.011	0.0004	0.229

数据来源：由作者统计得到，下同。

表 5-2　　　　内销企业样本描述性统计

变量名称	样本量	均值	最小值	最大值
lnQ_{jst}	6553	8.667	2.649	13.052
$lntariff_{jt}$	6553	0.678	-4.493	3.435
$lnlp_{jst}$	6553	7.172	4.532	13.221
$lnfin_{jst}$	6553	-2.588	-5.439	-0.119
$lnscale_{jst}$	6553	8.759	3.603	16.173
$lnfirm\_age_{jst}$	6553	1.880	0.161	4.276
$lnkl_{jst}$	6553	3.647	-1.729	6.808
hhi_{jt}	6553	0.0098	0.0004	0.229

表 5-3　　　　出口企业样本描述性统计

变量名称	样本量	均值	最小值	最大值
lnQ_{jst}	4093	9.058	3.451	12.707
$lntariff_{jt}$	4093	0.885	-2.433	3.435
$lnlp_{jst}$	4093	7.793	4.916	12.058
$lnfin_{jst}$	4093	-2.558	-4.905	0.157
$lnscale_{jst}$	4093	9.815	4.909	16.153
$lnfirm\_age_{jst}$	4093	1.954	0.231	4.296
$lnkl_{jst}$	4093	4.111	-1.173	7.992
hhi_{jt}	4093	0.005	0.0004	0.182

5.2 实证结果分析

5.2.1 基准回归结果

为了验证命题3与命题4，我们对式（5－1）进行回归，并将基准回归的结果置于表5－4中。

表5－4　　基准回归结果

	(1) 全样本 lnQ	(2) 内销企业 lnQ	(3) 出口企业 lnQ	(4) 全样本 lnQ	(5) 内销企业 lnQ	(6) 出口企业 lnQ
$lntariff_{jt}$	0.0586** (0.0271)	0.131*** (0.0331)	-0.213*** (0.0646)	0.0733*** (0.0267)	0.158*** (0.0309)	-0.191*** (0.0616)
$lnlp_{jst}$				0.141*** (0.0512)	0.310*** (0.0696)	0.348*** (0.0585)
$lnfin_{jst}$				-0.0595 (0.0420)	-0.0232 (0.0469)	0.111** (0.0483)
$lnscale_{jst}$				0.318*** (0.0454)	0.564*** (0.0587)	-0.315*** (0.0462)
$lnfirm\_age_{jst}$				0.0939* (0.0563)	-0.0399 (0.0588)	0.0406 (0.0453)
$lnkl_{jst}$				-0.285*** (0.0558)	-0.506*** (0.0636)	0.406*** (0.0509)
hhi_{jt}				4.398 (3-101)	-8.724*** (3-254)	-8.501 (5-309)
行业固定效应	Yes	Yes	Yes	Yes	Yes	Yes
时间固定效应	Yes	Yes	Yes	Yes	Yes	Yes
Observations	6966	6553	4093	6966	6553	4093
R-squared	0.081	0.083	0.180	0.120	0.198	0.245

注：系数下方括号内数值为对应稳健标准误。***、**、*分别代表1%、5%和10%的显著性水平，下同。

在表 5-4 的第 1—3 列中，我们分别选取了全部企业、内销企业以及出口企业作为不同样本，并加总至省-行业层面形成面板数据，同时仅以贸易自由化程度对行业内企业的工资标准差进行了回归。根据回归结果可以看出，行业关税与企业组内工资不平等呈显著的正向关系，细分而言，行业关税与内销企业组内工资不平等呈正向关系，而与出口企业组内工资不平等呈负向关系。在第 4—6 列中，我们加入了相关的控制变量，回归的结果与显著性并没有发生改变，即随着贸易自由化程度的不断提高（*lntariff* 降低），企业的组内工资不平等程度会不断降低，进一步细分来看，贸易自由化会缩小内销企业组内工资不平等并扩大出口企业组内工资不平等。由此可见，基准回归的结果较好地验证了本书所提出的命题 3。而在命题 4 中，我们不仅检验了理论模型中对于贸易自由化将缩小内销企业组内工资不平等的判断，同时也以实证数据发现，我国出口企业的组内工资不平等会随着贸易自由化程度的提高而不断扩大。

5.2.2　内生性处理

在以往的文献中，大多使用本国关税来作为衡量贸易自由化程度的变量，而关税作为一种贸易政策形式，可能在制定时对于行业发展以及收入分配等问题均有所考量，进而可能产生反向因果的内生性问题。鉴于此，我们在此使用了我国主要出口目的国的平均进口关税，而这一变量显然具有更强的外生性，因为他国的关税制定并不以本国的实际情况作为参考。

当然，我们考虑到工资水平具有刚性，在短期内通常不会发生较大幅度的变化，因此，我们通过将行业内企业工资标准差的滞后一期（*L. lnQ*）替换为被解释变量，对基准回归进行再检验，以此进一步消除潜在的内生性问题，我们将回归的结果置于表 5-5 中。

在表 5-5 中，我们将行业内企业工资标准差的滞后一期替换为被解释变量，对式（5-1）进行了再次回归。回归的结果依然显示，贸易自由化程度的不断提高会缩小企业组内工资不平等，同时，贸易自由化还将缩小内销企业组内工资不平等并扩大出口企业组内工资不平等。由于工资刚性的存在，上述结论表明贸易自由化与企业组内工资不平等的关系较为稳健，并不存在较为明显的、由反向因果所产生的内生性问题。

表 5-5　　基于滞后项的内生性处理

	(1)	(2)	(3)
	全样本	内销企业	出口企业
	L. lnQ	*L. lnQ*	*L. lnQ*
$lntariff_{jt}$	0.142*** (0.0343)	0.0983** (0.0495)	-0.166** (0.0756)
X_{jst}	Yes	Yes	Yes
行业固定效应	Yes	Yes	Yes
时间固定效应	Yes	Yes	Yes
Observations	6016	5613	3330
R-squared	0.049	0.059	0.156

5.3　稳健性检验

5.3.1　指标替换

为了保障上述结论的稳健性，我们通过对核心解释变量进行指标替换对命题 3 与命题 4 进行再检验。与前文保持一致，同时也参照已有文献的普遍做法，我们仍然以企业出口密集度作为贸易自由化程度的替换变量，略有不同的是，由于此处我们使用的是省-行业面板，因此我们也将企业出口密集度进行了加总，形成按省份划分的行业内企业平均出口密集度。同样，由于出口密集度不仅能反映企业是否出口，同时还能体现贸易自由化程度，我们仍然引入了行业平均出口密集度的二次项，以考察其中是否存在着显著的“U 型”或“倒 U 型”关系，我们将指标替换后的回归结果置于表 5-6 中。

在表 5-6 中，我们以行业内企业平均出口密集度及其二次项作为贸易自由化程度的替换变量，对式（5-1）进行了再检验。第 1 列的回归结果显示，在全样本中，出口密集度与企业组内工资不平等呈显著的“倒 U 型”关系，即贸易开放会扩大组内工资不平等，但随着贸易自由化程度的不断提高，组内工资不平等将逐渐降低。这一结论与命题3保持一致，即贸易自由化会缩小企业组内工资不平等，同时我们可以看到，一次项系数显著为正，也进一步验证了前文的主要结论，即贸易开放所带来的组内工资不平等可能是源于行业内出口企业与内销企业的组间工资不平等。在第2列和第3列中，我们分别对内销企业样本和出口企业样本进行了指标替换的再检验，而回归的结果显示，平均出口密集度的提升会缩小内销企业的组内工资不平等并扩大出口企业组内工资不平等，同时我们还可以看到，在细分样本中，平均出口密集度与组内工资不平等并不存在显著的"U型"或"倒U型"关系，这表明，贸易开放后会使得一部分高生产率的企业成为出口企业，客观上缩小了内销企业之间的生产率差异，进而会缩小内销企业的组内工资不平等，同时随着贸易自由化程度的提高，企业进入国内市场和国际市场的临界生产率差距不断缩小，使得内销企业组内工资不平等进一步下降，从而不存在非线性关系。而对于出口企业而言，其组内工资不平等在贸易开放条件下产生后，只会随着贸易自由化程度的变化而发生线性变化，并不会产生非线性关系。在表5-6的实证结果中，我们也证实了这一点，同时发现我国出口企业组内工资不平等将随着贸易自由化程度的提高而不断扩大。

表5-6　　　　基于指标替换的稳健性检验

	(1)	(2)	(3)
	全样本	内销企业	出口企业
	lnQ	*lnQ*	*lnQ*
$export\_r_{jt}$	1.980*** (0.479)	-0.901* (0.488)	1.187** (0.527)
$export\_r^2_{jt}$	-2.050*** (0.602)	-0.847 (0.598)	-0.612 (0.675)
X_{jst}	Yes	Yes	Yes
行业固定效应	Yes	Yes	Yes
时间固定效应	Yes	Yes	Yes
Observations	6966	6553	4093
R-squared	0.121	0.197	0.245

5.3.2 异质性分析

与前文的实证分析类似，鉴于我国的经济发展存在着较大的地域差异，同时在开展对外贸易方面，不同行业可能呈现出异质性的特征，因此我们针对实证分析中的样本行业是否位于东部地区以及是否属于高技术行业进行异质性分析，并将回归的结果置于表 5－7 和表 5－8 中。

表 5－7　　地区异质性分析

	(1)	(2)	(3)	(4)	(5)	(6)
	全样本		内销企业		出口企业	
	东部地区	中西部地区	东部地区	中西部地区	东部地区	中西部地区
	lnQ	*lnQ*	*lnQ*	*lnQ*	*lnQ*	*lnQ*
$lntariff_{jt}$	0.0397 (0.0451)	0.0897*** (0.0332)	0.176*** (0.0594)	0.149*** (0.0360)	－0.149** (0.0615)	－0.269** (0.109)
X_{jst}	Yes	Yes	Yes	Yes	Yes	Yes
行业固定效应	Yes	Yes	Yes	Yes	Yes	Yes
时间固定效应	Yes	Yes	Yes	Yes	Yes	Yes
Observations	2338	4628	2194	4359	1834	2259
R－squared	0.124	0.120	0.226	0.193	0.269	0.246

在表 5－7 的第 1 列和第 2 列中，我们以全样本进行了地区异质性分析，结果显示，在东部地区企业组内工资不平等并未显著缩小，我们认为这可能是因为大量的出口企业聚集于我国的东部沿海地区，而出口企业组内工资不平等会随着贸易自由化程度提高而不断扩大，进而使得全样本情形下组内工资不平等未显著缩小。而在第 3 列至第 6 列中，我们依次对内销企业样本以及出口企业样本进行了异质性分析，回归结果与基准回归仍然保持一致，即细分情形下，内销企业组内工资不平等和出口企业组内工资不平等并没有体现出明显的地区差异。

表 5－8　　行业异质性分析

	(1)	(2)	(3)	(4)	(5)	(6)
	全样本		内销企业		出口企业	
	高技术	其他行业	高技术	其他行业	高技术	其他行业
	lnQ	*lnQ*	*lnQ*	*lnQ*	*lnQ*	*lnQ*
$lntariff_{jt}$	－0.0653 (0.157)	0.0636** (0.0272)	0.0208 (0.0856)	0.147*** (0.0319)	0.133 (0.118)	－0.208*** (0.0746)
X_{jst}	Yes	Yes	Yes	Yes	Yes	Yes
行业固定效应	Yes	Yes	Yes	Yes	Yes	Yes
时间固定效应	Yes	Yes	Yes	Yes	Yes	Yes
Observations	1614	5352	1536	5017	1226	2867
R－squared	0.199	0.105	0.293	0.191	0.258	0.259

在表 5－8 中，我们发现，在高技术行业中，贸易自由化对企业组内工资不平等的影响均不显著，反而是在其他行业中的回归结果与基准回归保持了一致性。我们认为，样本时期内我国的产业结构以及贸易结构可能是造成上述结果的主要原因。自改革开放以来，我国积极推行出口导向型战略，充分利用我国的劳动力比较优势，积极开展以“三来一补”为主要特征的劳动密集型加工贸易。然而，这也直接导致了我国在高新技术产业发展上的滞后，面临着全球价值链的“低端锁定”风险。因此，贸易自由化可能更有利于我国其他行业的发展，特别是劳动力密集型行业的发展，而对于技术以及资本密集型的高技术行业则影响有限，进而造成了贸易自由化对企业组内工资不平等的行业异质性。

5.3.3 中介效应分析

根据理论模型的推导，贸易自由化将影响企业进入国内市场与国际市场的临界生产率，从而影响企业的平均利润以及位于临界生产率上的企业利润，此二者形成的利润差异造成了企业组内工资不平等。我们认为，贸易自由化可能通过影响行业内的企业平均利润，以此产生中介效应，进而影响企业组内工资不平等。因此，我们构建了如下中介效应模型，以检验企业利润是否在贸易自由化影响企业组内工资不平等中发挥着中介作用。

$$lnQ_{jst} = \beta_0 + \beta_1 lntariff_{jt} + \beta_2 X_{jst} + u_j + u_t + \varepsilon_{jt} \tag{5-1}$$

$$lnprofit_{jst} = \beta_0 + \beta_1 lntariff_{jt} + \beta_2 X_{jst} + u_j + u_t + \varepsilon_{jt} \tag{5-2}$$

$$lnQ_{jst} = \beta_0 + \beta_1 lntariff_{jt} + \beta_2 lnprofit_{jst} + \beta_3 X_{jst} + u_j + u_t + \varepsilon_{jt} \tag{5-3}$$

我们仍然以式（5－1）的基准回归作为参照，然后，在式（5－2）中，我们以贸易自由化对中介变量 *lnprofit* 进行回归，其中 *lnprofit* 为加总到省－行业的企业平均利润。最后，在式（5－3）中，我们在基准回归的基础上加入中介变量。同样，我们将回归的结果置于表 5－9 至表 5－11 中，并以逐步检验系数的方法判断中介效应是否存在。

表 5－9　　全样本中介效应检验

	(1)	(2)	(3)
	lnQ	$lnprofit_{jst}$	lnQ
$lntariff_{jt}$	0.0733*** (0.0267)	－0.0574*** (0.0212)	0.0801*** (0.0269)
$lnprofit_{jst}$			0.119*** (0.0253)
X_{jst}	Yes	Yes	Yes
行业固定效应	Yes	Yes	Yes
时间固定效应	Yes	Yes	Yes
Observations	6966	6966	6966
R－squared	0.120	0.492	0.124

在表 5－9 中，我们可以看到在第 2 列中，我们对式（5－2）进行回归，贸易自由化变量的系数显著为负，表明随着贸易自由化程度的不断提高，行业内的企业平均利润会不断上升。在第 3 列中，我们将中介变量加入到基准回归之中，我们看到核心解释变量和中介变量的系数均显著，表明存在着以企业利润为中介变量的部分中介效应。综合第 2 列及第 3 列的结果来看，贸易自由化会缩小企业组内工资不平等，但贸易利润的提升会加剧企业组内工资不平等。

表 5-10　　内销企业样本中介效应检验

	(1)	(2)	(3)
	lnQ	$lnprofit_{jst}$	lnQ
$lntariff_{jt}$	0.158 *** (0.0309)	-0.0174 * (0.00949)	0.161 *** (0.0309)
$lnprofit_{jst}$			0.147 ** (0.0587)
X_{jst}	Yes	Yes	Yes
行业固定效应	Yes	Yes	Yes
时间固定效应	Yes	Yes	Yes
Observations	6553	6553	6553
R-squared	0.198	0.792	0.201

在表 5-10 中，我们将样本替换为内销企业，并对中介效应进行再检验。在第 2 列中，贸易自由化仍然会显著提升行业内企业平均利润，而在第 3 列，贸易自由化与企业利润的系数均显著为正，表明部分中介效应显著存在。与全样本下的情形类似，贸易自由化缩小了内销企业组内工资不平等，但企业利润的提升会扩大组内工资不平等。

表 5-11　　出口企业样本中介效应检验

	(1)	(2)	(3)
	lnQ	$lnprofit_{jst}$	lnQ
$lntariff_{jt}$	-0.191 *** (0.0616)	-0.362 *** (0.0502)	-0.159 ** (0.0662)
$lnprofit_{jst}$			0.0886 ** (0.0422)
X_{jst}	Yes	Yes	Yes
行业固定效应	Yes	Yes	Yes
时间固定效应	Yes	Yes	Yes
Observations	4093	4093	4093
R-squared	0.245	0.690	0.247

在表 5－11 中，我们进一步将样本替换为出口企业样本，在第 2 列的回归结果中，贸易自由化仍然会显著提升行业内的企业平均利润。在第 3 列中，贸易自由化与企业利润的系数均显著，同样存在着显著的部分中介效应。而有所不同的是，贸易自由化程度的提高会扩大出口企业组内工资不平等，同时企业利润提升也将扩大组内工资不平等。

综合上述分析我们不难看出，尽管贸易自由化会显著提升行业内企业的平均利润，且企业利润的提升对不同样本而言均显著扩大了企业组内工资不平等，但这一中介效应在不同样本中都没有改变贸易自由化对企业组内工资不平等的总效应，因此我们也认为，企业利润是影响企业组内工资不平等的重要因素，但相较于贸易自由化的直接影响而言，其作用相对有限。

5.3.4 补充样本检验

为了弥补上述实证研究中所存在的时效性不足的问题，我们同样引入了 2011—2013 年的样本，与前文类似，由于缺少相应的工资数据，我们舍去了 2008—2010 年的样本，同时，由于在后续样本中缺少工业增加值数据，进而无法以 LP 方法测算企业的全要素生产率，因此对生产率指标我们在回归中的控制变量里进行了舍去。我们以补充样本对式（5－1）进行再检验，并将回归的结果置于表 5－12 中。

表 5－12　　补充样本检验

	(1)	(2)	(3)
	全样本	内销企业	出口企业
	lnQ	*lnQ*	*lnQ*
$lntariff_{jt}$	0.700 ** (0.325)	0.689 ** (0.332)	－1.361 ** (0.647)
X_{jst}	Yes	Yes	Yes
行业固定效应	Yes	Yes	Yes
时间固定效应	Yes	Yes	Yes
Observations	2525	2483	1685
R－squared	0.218	0.205	0.242

在表5-12中，我们可以看到，回归的结果在符号与显著性上均与基准回归保持了一致，表明贸易自由化程度的提高会缩小企业组内工资不平等，并且在进一步的分解中可以发现，贸易自由化会缩小内销企业的组内工资不平等并同时扩大出口企业组内工资不平等。而上述的回归结果也表明本书所提出的命题3与命题4在后续的时间样本中仍然成立。

5.4 本章小结

在本章中，我们在E-K模型的基础上探究了贸易自由化对企业组内工资不平等的影响，随后进一步将其分解，分别探讨了贸易自由化对内销企业组内工资不平等以及对出口企业组内工资不平等的影响。根据理论模型的推导，我们提出了命题3与命题4，并以中国工业企业数据库与海关进出口数据库的合并数据对上述命题进行了实证检验。实证分析的结果显示，贸易自由化程度的提高将缩小企业组内工资不平等，细分而言，贸易自由化缩小了内销企业组内工资不平等，同时扩大了出口企业组内工资不平等。我们以行业内企业工资标准差的滞后一期替换被解释变量进行了内生性检验，同时以行业平均出口密集度及二次项替换核心解释变量进行了指标替换，检验的结果均与基准回归保持一致，确保了本章主要结论的稳健性。在基于地区异质性的分析中，我们发现全样本情形下企业组内工资不平等在东部地区并不显著，而细分内销企业及出口企业样本情形下，并未形成明显的地区差异。在基于行业异质性的分析中，我们发现本章的主要结论在高技术行业中并不显著，这可能源于我国在样本期内的产业结构及贸易结构。在中介效应分析中，我们发现贸易自由化存在着以行业平均利润为中介变量进而影响企业组内工资不平等的中介效应。

结合理论模型与实证结果，我们认为贸易自由化将提升企业的平均生产率与进入国内市场的临界生产率，但会使二者间的差距不断缩小，进而缩小企业组内工资不平等。进一步而言，贸易自由化也缩小了企业进入国内市场与国际市场的临界生产率的差距，因此也缩小了内销企业组内工资不平等；出口企业组内工资不平等则与本国的具体实情相关，经过实证分析，我国出口企业组内工资不平等会随着贸易自由化程度的提高而不断扩大。因此，在我国进一步扩大对外开放、推进区域经贸合作的过程中，一方面，要兼顾由贸易自由化所带来的竞争加剧而形成的企业退出与失业，加大对劳动力再就业、再培训的扶持力度，不断完善社会保障体系；另一方面，要灵活运用税收工具，对在贸易自由化过程中充分获利的出口企业做好再分配，抑制潜在的收入分配不均，并使贸易所得能够更好地惠及广大人民。

6 贸易自由化对企业内工资不平等的影响

6.1 实证模型设定与数据说明

6.1.1 实证模型设定

根据第3章中所提出的命题5，我们构建如下回归方程，以进行实证检验贸易自由化对企业内工资不平等的影响。

$$lnS_{it} = \beta_0 + \beta_1 lntariff + \beta_2 X_{it} + \beta_3 D_{it} + u_i + u_t + \varepsilon_{it} \tag{6-1}$$

其中，下标 i、t 分别表示企业与时间，S_{it}为被解释变量，为企业内工资不平等，我们以企业内技术工人工资减去非技术工人工资得到。*lntariff* 为核心解释变量，为贸易自由化程度，为企业所在行业面临的出口关税。X_{it}为控制变量，包括：全要素生产率（$lnlp_{it}$）、融资能力（$lnfin_{it}$）、企业规模（$lnscale_{it}$）、企业存续时间（$lnfirm\_age_{it}$）以及资本劳动比（$lnkl_{it}$）。D_{it}为相关虚拟变量，包括了企业所属行业以及所有制类型。u_i、u_t分别为企业及时间固定效应，ε_{it}为随机扰动项。

鉴于当前我们只能得到企业的平均工资$\overline{W}$，由式（3-37）可知：$S_{it} = \overline{W} - 2(1-\theta_s)W_u$，因此为了获得企业内工资不平等$S_{it}$，则需要测算企业的非技术工人比例（$\theta_u = 1-\theta_s$）和非技术工人的工资$W_u$。

（1）企业的非技术工人比例θ_u。

由于数据的可得性，只有2004年的企业普查数据提供了较为详细的企业员工的学历构成，由此可以计算出本年度样本企业的劳动力技能结构（θ_s）。所以，我们以2004年的企业劳动力技能结构为基准，进一步推算其他年份样本企业的技术劳动力占比。但是，由于在工业企业数据库中，每一年的企业数量不尽相同，因此在推算的过程中面临着两个问题：第一，仅有部分 2004 年的企业在样本期间内存续，那么这些持续经营的企业在其他样本年份中的技术工人占比如何推算能够更为合理和准确；第二，在 2004 年以外的剩余年份的样本企业中，存在着企业进入及退出市场的情形，这些企业的劳动力技能结构该如何赋值。

针对第一个问题，我们将 2004 年的企业样本与其余年份进行匹配，匹配成功的企业即在样本期间内持续经营的企业，将这些企业在 2004 年的技术劳动力的比例赋值到其余年份作为基准，随后以这些企业所在行业的 2004 年劳动力技能结构①为参照，将不同年份的行业劳动力技能结构除以 2004 年的行业劳动力技能结构作为权重，与企业 2004 年的基准技能结构相乘，得到对应年份的企业技术劳动力比例。即，如果以$(\theta_s)_{i2004}$表示 2004 年样本数据中 i 企业当年的技术劳动力占比，以$(\theta_s)_{cit}$表示 i 企业所在行业 c 在 t 年的技术劳动力占比（其中，$t \neq 2004$），则有：

$$(\theta_s)_{it} = (\theta_s)_{i2004} \times [(\theta_s)_{cit}/(\theta_s)_{ci2004}]$$

此处关于企业内工资不平等的测算方法借鉴了 Chen 和 Yu（2017）的研究，但有所不同的是，我们将企业所在行业的技能结构变化作为权重对该指标进行了重新推算。我们认为，企业劳动力技能结构的变化更有可能受到其所在行业的技术特征的影响，而非企业所在省份的人力资本结构所决定，特别是当前高技能劳动力相较而言具有更强的流动性，可能使相关指标的推算被高估。此外，考虑到可能普遍存在着某些高技术企业所在省份的低技能劳动力更加充裕的现实情况，因此我们对指标的测算进行了改进。

针对第二个问题，由于企业的进入与退出是客观存在的，但之前的相关研究并未对这一部分企业的劳动力技能结构给予相应的赋值处理。因此，对于那些在其他年份存在却未能与 2004 年样本数据相匹配的企业，我们直接赋予其所在行业当年的劳动力技能结构，即令$(\theta_s)_{it} = (\theta_s)_{cit}$。

经过上述处理，既保证了所有样本企业的劳动力技能结构不为空值，同

① 企业所在行业的劳动力技能结构由《中国劳动统计年鉴》及《中国科技统计年鉴》整理计算得出。

时也提高了对企业劳动力技能结构推算的合理性和精确程度，有利于实证结果更为准确、可靠。

(2) 非技术工人的工资W_u。

我们借鉴陈波和贺超群（2013）的做法，以各省份农村人均工资性收入作为非技术工人的工资。这样的处理主要基于以下考虑：

首先，自改革开放以来，我国大量的农村剩余劳动力涌入城市务工，形成了庞大的“农民工”群体，但由于农村劳动力受教育程度有限，往往进入了城市也主要从事非技术劳动，他们的工资水平可以在一定程度上反映制造业非技术工人的工资水平。其次，随着我国人口红利的逐渐消失（蔡昉，2010），农村剩余劳动力不再充裕，原有的劳动力流入地出现“用工荒”，而流出地则出现“返乡潮”，加上近年来部分企业入驻乡镇，加速了农村土地流转，同时雇佣本地农民务工，提高了农民收入。我们由此推测，城乡之间的非技术劳动力的工资水平已大致相当，使得农村非技术劳动力能够自主选择进城务工还是在本地劳动。最后，由于非技术劳动力所从事的工作大多为简单的体力劳动，使得非技术劳动力具有很强的同质性和替代性，在不同科技水平的企业中，不难观察到清洁员、保安员以及流水线工人等从业人员的工资水平并无明显的差距，反倒是不同地区以及不同行业的非技术工人，其工资可能存在较大差距。

综合上述几点分析，我们以企业所属省份的农民人均工资性纯收入①作为该企业非技术工人的工资W_u，同时在实证过程中加入省份与行业的虚拟变量，用以控制地区和行业可能对工资差距产生的影响。

在获得了企业的劳动技能结构及非技术工人工资后，我们就可以得出企业的技术溢价，即$S_{it} = \overline{W} - 2(1 - \theta_s) W_u$。

6.1.2 数据说明与描述性统计

与前文保持一致，我们在本章中依然使用的是中国工业企业数据库与海关进出口数据库的合并数据。在使用时参照了 Brandt et al.（2012）的处理

① 农民人均工资性纯收入通过查阅《中国统计年鉴》得到。

方法，通过对工业企业数据库进行逐年匹配，以构建非平衡面板数据。随后，与大多数文献的做法一致，对数据库中不符合基本会计准则的企业样本进行了剔除处理（聂辉华等，2011；毛其淋和许家云，2014）。最后按照企业名称、电话号码及邮编作为匹配变量，将海关进出口数据库与中国工业企业数据库进行合并（Tian 和 Yu，2015）。

我们对本章中所使用数据的主要变量进行了描述性统计，并将相关指标呈现在表 6 – 1 中。

表 6 – 1　　描述性统计

变量名称	样本量	均值	最小值	最大值
lnS_{it}	1027876	8.922	-2.276	16.913
$lntariff$	1065198	1.028	-4.493	3.435
$lnlp_{it}$	1064841	7.121	-1.852	15.253
$lnfin_{it}$	1065084	-2.425	-9.442	5.674
$lnscale_{it}$	1065198	8.467	0	18.506
$lnfirm\_age_{it}$	1065198	1.746	0	7.601
$lnkl_{it}$	1063395	3.547	-6.984	10.463

数据来源：基于作者统计得到。

6.2　实证结果分析

6.2.1　基准回归结果

为了实证检验命题 5，我们对式（6 – 1）进行了回归以考察贸易自由化对企业内工资不平等的影响，我们将回归的结果置于表 6 – 2 中。

在表 6 – 1 的第 1 列中，我们仅以贸易自由化对企业内工资不平等进行回归，结果显示二者之间存在显著的负向关系。在第 2 列中，我们加入了相关的控制变量X_{it}，贸易自由化的系数依然是负显著。在第 3 列中，我们进一步控制了企业所处行业与所有制类型，回归结果依然与前两列保持一致。上述回归结果较好地验证了本文所提出的命题5，即贸易自由化程度的不断提高会扩大企业内工资不平等。

表6－2　　基准回归结果

	(1)	(2)	(3)
	lnS	*lnS*	*lnS*
lntariff	－0.0189*** (0.00289)	－0.0117*** (0.00275)	－0.0157*** (0.00311)
lnlp		0.169*** (0.00173)	0.169*** (0.00173)
lnfin		0.0599*** (0.00141)	0.0598*** (0.00141)
lnscale		－0.143*** (0.00242)	－0.143*** (0.00242)
lnfirm_age		0.00662*** (0.00218)	0.00669*** (0.00218)
lnkl		0.266*** (0.00245)	0.266*** (0.00245)
D	No	No	Yes
个体固定效应	Yes	Yes	Yes
时间固定效应	Yes	Yes	Yes
Observations	1027876	1025795	1025795
R－squared	0.102	0.164	0.164

注：系数下方括号内数值为对应稳健标准误。***、**、*分别代表1%、5%和10%的显著性水平，下同。

与此同时，我们还可以从表6－1中看到其他变量对劳动力工资差距的影响。全要素生产率（*lnlp*）越高的企业，企业内的工资不平等程度越高，这与本文在理论模型推导部分的判断是一致的，即生产率高的企业会向有着更高边际产出的技术工人，给予更高的工资激励。另外，生产率提升形成的额外利润，技术工人的利润分享权力也更强，进而扩大了企业内工资不平等。企业融资能力（*lnfin*）的系数显著为正，这可能是由两方面的原因所造成。一方面是企业的融资能力是经营实力与盈利能力的体现之一，因此融资能力更强的企业，理应有着更高的工资水平，内部的工资不平等程度也可能更高。而另一方面是由于企业更强的融资能力会更大程度地减少对企业利润的留存，避免对劳动力工资的挤占效应，从而可能扩大企业内工资不平等。企业固定资产规模（*lnscale*）的系数显著为负，我们认为这是源于企业在扩大生产设备的引进与投资能够满足基础性生产活动的需求，进而形成对低技术劳动力的替代效应，因此减少了对低技术工人的需求，缩小了企业内工资不平等。企业持续经营的时间（*lnfirm_age*）越长，企业内的工资差距越大。这应该是由于技术工人的稀缺性，使企业重新雇佣技术工人的搜寻成本过高，企业更愿意以较高的工资水平留存高技术工人以维持核心竞争力。另一方面，非技术工人的供给相对充裕且同质化程度较高，其工资水平通常稳定在较低水平，上涨幅度较小，因此，扩大了企业内工资不平等。最后我们看到企业资本劳动比（*lnkl*）的系数显著为正，我们认为这是因为企业在增加资本要素投入时会雇佣更多的技术工人与之匹配，由此提高了企业内技术工人的比例，扩大了企业内工资不平等。

6.2.2 内生性处理

由于“自选择”效应和“干中学”效应的存在，一方面有可能是技术工人占比更高（即企业内工资不平等程度更高）的企业更有可能参与贸易并从中获利；另一方面也有可能是贸易自由化让更多的企业参与贸易，并在更为激烈的竞争中提升劳动力技能结构，进而扩大企业内工资不平等。鉴于存在着潜在的反向因果关系，我们在选取解释变量与被解释变量时进行了处理，在解释变量方面，相较以往研究以国内关税来衡量贸易自由化，我们以更具外生性的出口目的地平均关税水平来衡量贸易自由化；而在被解释变量方面，我们借鉴了 Amiti 和 Konings（2007）的方法，通过将企业的劳动力技能结构固定以 2004 年为基准来缓解内生性。因此，在基准回归中，内生性问题已经得到了较好的控制。但为了进一步检验以获取更为稳健的回归结果，我们基于工资刚性，生成了企业内工资不平等指标的滞后一期 *L. lnS*，将其替换原有被解释变量对式（6－1）进行再回归，我们将结果置于表 6－3 中。

表 6 - 3　　　　基于滞后项的内生性处理

	(1) *L. lnS*	(2) *L. lnS*	(3) *L. lnS*
lntariff	-0.0238 *** (0.00420)	-0.0234 *** (0.00419)	-0.0368 *** (0.00496)
X	No	Yes	Yes
D	No	No	Yes
个体固定效应	Yes	Yes	Yes
时间固定效应	Yes	Yes	Yes
Observations	628971	628104	628104
R - squared	0.069	0.073	0.073

在表 6 - 3 中，我们以 *L. lnS* 替换了原有的被解释变量，并对式（6 - 1）再次进行了回归，而回归结果与基准回归保持了一致。考虑到工资具有刚性，在短期内，企业所支付的劳动力工资薪酬往往不会发生较大的改变，因此表 6 - 3 的回归结果表明，贸易自由化与企业内工资不平等呈现出较为稳定的负向关系，即贸易自由化程度的提高会扩大企业内工资不平等。

6.3 稳健性检验

6.3.1 指标替换

在计算企业内工资不平等时，我们通过 $S_{it} = \overline{W} - 2(1 - \theta_s) W_u$ 计算了企业内技术工人与非技术工人工资份额上的差距，即相对工资差距。为了避免因为指标计算而造成的偏差，我们以 $S'_{it} = \left(\frac{\overline{W}}{\theta_s}\right) - \left(\frac{W_u}{\theta_s}\right)$ 计算了代表性技术工人工资与代表性非技术工人工资的绝对工资差距，并通过将其替换为被解释变量对式（6 - 1）再次回归以进行稳健性检验，我们将回归的结果置于表 6 - 4 中。

表 6－4　　　　基于指标替换的稳健性检验

	(1)	(2)	(3)
	lnS'	*lnS'*	*lnS'*
lntariff	0.0128 *** (0.00420)	0.0186 *** (0.00419)	－0.0161 *** (0.00496)
X	No	Yes	Yes
D	No	No	Yes
个体固定效应	Yes	Yes	Yes
时间固定效应	Yes	Yes	Yes
Observations	1057837	1055640	1055640
R－squared	0.060	0.124	0.200

在表 6－4 中，我们可以看到在第 3 列中，在加入了相应控制变量X_{it}与状态变量D_{it}后，回归的结果与基准回归时一致，因此贸易自由化对企业内工资不平等的影响并没有因为指标测算方法的不同而发生改变。

6.3.2　异质性分析

与前文的实证分析保持一致，鉴于样本企业所处的不同地区以及不同行业可能呈现出异质性特征，因此我们针对实证分析中的样本企业是否位于东部地区以及是否属于高技术行业进行了异质性分析，并将回归的结果置于表 6－5 中。

表 6－5　　　　基于地区及行业的异质性分析

	(1)	(2)	(3)	(4)
	东部地区	中西部地区	高技术行业	其他行业
	lnS	*lnS*	*lnS*	*lnS*
lntariff	－0.0202 *** (0.00420)	－0.0129 *** (0.00419)	－0.00537 (0.00978)	－0.00518 * (0.00311)
X	Yes	Yes	Yes	Yes
D	Yes	Yes	Yes	Yes
个体固定效应	Yes	Yes	Yes	Yes

续表

	(1)	(2)	(3)	(4)
	东部地区	中西部地区	高技术行业	其他行业
	lnS	*lnS*	*lnS*	*lnS*
时间固定效应	Yes	Yes	Yes	Yes
Observations	731296	294499	305018	720777
R - squared	0.150	0.216	0.166	0.163

在表 6-5 的第 1 列和第 2 列中，我们通过分样本检验，考察了贸易自由化对企业内工资不平等的地区异质性，而回归的结果显示，无论企业位于东部地区还是中西部地区，贸易自由化都将扩大企业内工资不平等。在第 3 列和第 4 列中，我们进一步考察了贸易自由化对企业内工资不平等的行业异质性，有所不同的是，我们发现这一影响在高技术行业中并不显著，而在其他行业中较为显著。这可能是因为在高技术行业中，贸易自由化会提升企业对技术升级和改善管理的需求，进而雇佣更多的技术工人并加速以机器设备对非技术工人进行替代，因此贸易自由化对高技术行业的企业内工资不平等的扩大作用并不显著。

6.3.3 中介效应分析

在第 3 章理论模型的推导中，基于式（3-38）我们可以发现，贸易自由化会提高全体企业的平均利润，进而扩大企业内工资不平等，因此我们认为在贸易自由化扩大企业内工资不平等的过程中，存在着以企业利润 $lnprofit_{it}$为中介变量的中介效应。为了对此进行检验，我们构建了如下中介效应模型。

$$lnS_{it} = \beta_0 + \beta_1 lntariff + \beta_2 X_{it} + \beta_3 D_{it} + u_i + u_t + \varepsilon_{it} \tag{6-1}$$

$$lnprofit_{it} = \beta_0 + \beta_1 lntariff + \beta_2 X_{it} + \beta_3 D_{it} + u_i + u_t + \varepsilon_{it} \tag{6-2}$$

$$lnS_{it} = \beta_0 + \beta_1 lntariff + \beta_2 lnprofit_{it} + \beta_3 X_{it} + \beta_4 D_{it} + u_i + u_t + \varepsilon_{it} \tag{6-3}$$

我们以式（6-1）的基准回归作为参照，在式（6-2）中，我们以贸易自由化对中介变量 $lnprofit_{it}$进行回归，并在式（6-3）中将中介变量加入基准回归之中。基于逐步检验系数的方法，当式（6-2）中贸易自由化的系数显著，同时式（6－3）中贸易自由化与企业利润的系数均显著时，表明存在着显著的部分中介效应。我们将中介效应检验的结果置于表6－6中。

表6－6　　　　中介效应检验

	(1)	(2)	(3)
	lnS	*lnprofit*	*lnS*
lntariff	−0.0157*** (0.00311)	−0.0128*** (0.00328)	−0.0152*** (0.00311)
lnprofit			0.0348*** (0.00143)
X	Yes	Yes	Yes
D	Yes	Yes	Yes
个体固定效应	Yes	Yes	Yes
时间固定效应	Yes	Yes	Yes
Observations	1025795	1062938	1025795
R－squared	0.164	0.641	0.165

表6－6的第1列为基准回归的结果，在第2列中我们以贸易自由化对企业利润进行回归，系数显著为负，表明贸易自由化程度的提高会显著增加企业利润。在第3列，我们在基准回归中加入了中介变量，此时贸易自由化与企业利润的系数均显著，表明存在着显著的部分中介效应，同时我们还可以发现，第3列中企业利润的系数显著为正，表明企业利润的增加会扩大企业内工资不平等，这与理论模型中式（3－38）的推导是一致的。

6.3.4　补充样本检验

为了弥补基准回归中样本时效性的不足，同时考虑到2008—2010年的样本缺少企业的工资数据，我们对2011—2013年的后续样本进行了补充检验，并将回归结果置于表6－7中。

表 6－7 补充样本检验

	(1)	(2)	(3)
	lnS	lnS	lnS
$lntariff$	0.0629 *** (0.00710)	0.0628 *** (0.00540)	－0.103 *** (0.0111)
X	No	Yes	Yes
D	No	No	Yes
个体固定效应	Yes	Yes	Yes
时间固定效应	Yes	Yes	Yes
Observations	513156	479036	478250
R－squared	0.047	0.388	0.411

在表 6－7 的第 1 列中我们仅考察了贸易自由化与企业内工资不平等的相关关系，随后我们在第 2 列和第 3 列中依次加入控制变量X_{it}和状态变量D_{it}。我们可以看到在第 3 列中，回归结果显示贸易自由化程度的提高会显著扩大企业内工资不平等，这与基准回归的结果保持了一致，表明在后续时间样本中，本书所提出的命题 5 依然成立。

值得一提的是，由于缺少更为准确的企业员工的学历信息，我们只能以 2004 年的企业员工学历信息作为测算企业劳动力技能结构的基础，并通过企业所在行业劳动力技能结构的变化作为权重对该指标进行修正，以测算企业内工资不平等。而这一做法势必会随着样本时间与 2004 年的间隔拉长而损失指标测算的准确性。因此我们所进行的补充样本检验是基于实证研究准确性和时效性的妥协，相信随着更为完善和更接近当下的“企业－员工”数据库的出现，能够使本书在相关指标的使用和测算上更为准确，使相关结论更为贴合实际。

6.4 本章小结

在理论模型部分，我们在 E－K 模型的基础上，将企业内技术工人与非技术工人利润分享权力的差异引入到模型之中，并经过推导得出了命题 5。

在本章中，我们以中国工业企业数据库和海关进出口数据库的合并数据对命题 5 进行了实证检验，实证分析的结果显示，贸易自由化程度的提高会扩大企业内技术工人与非技术工人间的工资不平等，且这一结果在经过指标替换及内生性处理后依然稳健。异质性分析的结果显示，贸易自由化对企业内工资不平等的扩大作用并不存在显著的地区差异，但在行业差异上，高技术行业的贸易自由化并未显著扩大企业内工资不平等。中介效应检验的结果显示，贸易自由化通过提升企业利润进而扩大了企业内工资不平等。

根据理论模型和实证分析的结果，我们认为贸易自由化提高了企业进入国内市场的生产率门槛，并通过资源再配置效应促进了所有企业平均生产率的提高，增加了企业平均利润。而鉴于企业内技术工人较非技术工人有着更强的工资议价能力和利润分享权力，随着企业利润的提升，企业内工资不平等也随之扩大。因此，一方面要注重收入分配的失衡，不断完善社会保障与社会福利，加强对非技术工人的收入补贴与技能培训，促进非技术工人向技术工人转型；另一方面，要进一步放宽户籍限制，降低进城落户的门槛，促进劳动力要素的自由流动，释放产业集聚的活力与创造力，以技术劳动力带动非技术劳动力就业的“匹配效应”，来促进收入分配结构的合理与公平。

7　出口贸易模式与企业工资不平等

7.1　实证模型设定与数据说明

7.1.1　实证模型设定

为了实证检验命题6，我们构建了如下回归模型，以此考察加工贸易企业与一般贸易企业间的工资不平等。

$$lnW_{it} = \beta_0 + \beta_1 Proc_{it} + \beta_2 X_{it} + \beta_3 D_{it} + u_i + u_t + \varepsilon_{it} \quad (7-1)$$

其中，下标 i、t 分别代表企业与年份；被解释变量 W_{it} 为企业的平均工资，我们以企业的应付工资总额与从业人员总数的比值得到，并进行对数化处理；$Proc_{it}$ 是核心解释变量，为企业是否从事加工贸易，$Proc_{it}=1$ 时，企业为加工贸易企业，否则为一般贸易企业，以此区分企业的出口行为与贸易模式；u_i 和 u_t 分别为个体及年份的固定效应。

X_{it} 为企业层面的其他控制变量，包括：全要素生产率（$lnlp_{it}$）、融资能力（$lnfin_{it}$）、企业规模（$lnscale_{it}$）、企业存续时间（$lnfirm\_age_{it}$）以及资本劳动比（$lnkl_{it}$）。D_{it} 为相关虚拟变量，包括了企业所属行业以及所有制类型。u_i、u_t 分别为企业及时间固定效应，ε_{it} 为随机扰动项。

7.1.2　数据说明与描述性统计

与前文一致，我们在本章中同样使用2000—2007年中国工业企业数据库与海关进出口数据库的合并数据，为了兼顾实证研究的时效性，我们在补充样本分析中加入了对2010—2013年企业数据的进一步考察。在使用时我们参照了 Brandt et al.（2012）的处理方法，对工业企业数据库进行逐年匹配，充分考虑了企业的进入与退出行为，构建了非平衡面板数据。随后，对数据库中不符合基本会计准则的企业样本进行了剔除处理，以保障所选取的相关企业指标与保留的样本的合理性（聂辉华等，2011；毛其淋和许家云，2014）。最后，以企业名称、电话号码及邮编作为匹配变量，将海关进出口数据库与中国工业企业数据库进行合并，以此获取海关数据库中关于企业出口贸易模式的有效信息（Tian 和 Yu，2015）。

我们将样本企业按照加工贸易企业与一般贸易企业进行分类，并将相应样本的描述性统计置于表 7－1 中。

表 7－1　　加工贸易企业与一般贸易企业主要变量描述性统计

变量名称	加工贸易企业				一般贸易企业			
	样本量	均值	最小值	最大值	样本量	均值	最小值	最大值
lnW_{it}	40415	9.559	4.025	13.505	143547	9.628	2.825	14.334
$lnlp_{it}$	40401	7.502	－1.354	13.622	143511	7.507	－1.852	15.253
$lnfin_{it}$	40412	－2.460	－8.981	3.457	143531	－2.453	－8.964	2.489
$lnscale_{it}$	40415	9.379	0	16.448	143547	9.133	0	18.506
$lnfirm\_age_{it}$	40415	1.906	0	7.597	143547	1.817	0	7.601
$lnkl_{it}$	40349	3.618	－6.354	9.297	143423	3.786	－5.010	10.316

数据来源：由作者统计得到。

7.2　实证结果分析

7.2.1　基准回归结果

为了考察加工贸易企业与一般贸易企业间的工资不平等，我们对式（7－1）进行了回归，并将回归的结果置于表 7－2 中。

表 7－2　　基准回归结果

	(1) lnW_{it}	(2) lnW_{it}	(3) lnW_{it}
$Proc_{it}$	-0.00873* (0.00529)	-0.0183*** (0.00502)	-0.0182*** (0.00503)
$lnlp_{it}$		0.102*** (0.00285)	0.103*** (0.00285)
$lnfin_{it}$		0.0354*** (0.00241)	0.0354*** (0.00241)
$lnscale_{it}$		-0.122*** (0.00461)	-0.122*** (0.00460)
$lnfirm\_age_{it}$		0.0173*** (0.00441)	0.0168*** (0.00441)
$lnkl_{it}$		0.229*** (0.00496)	0.229*** (0.00494)
D	No	No	Yes
行业固定效应	Yes	Yes	Yes
时间固定效应	Yes	Yes	Yes
Observations	183962	183705	183705
R－squared	0.195	0.267	0.268

注：系数下方括号内数值为对应稳健标准误。***、**、*分别代表1%、5%和10%的显著性水平，下同。

在表 7－2 的第 1 列中，我们仅以企业是否为加工贸易企业对企业的平均工资进行回归，并控制了个体固定效应与时间固定效应，结果显示加工贸易企业较一般贸易企业的平均工资更低。在第 2 列与第 3 列中，我们依次加入控制变量 X_{it} 与 D_{it}，回归结果仍然显示加工贸易企业的平均工资更低。根据基准回归的结果，我们认为加工贸易企业由于盈利能力与议价能力的不足，较一般贸易企业的工资更低，此时，若加工贸易出口占比逐渐提高，客观上将缩小出口企业间的工资差距。

7.2.2 内生性处理

根据基准回归的结果，我们发现加工贸易企业较一般贸易企业的工资更低。然而，上述结论可能存在着互为因果的内生性问题。一方面，由于“自选择”效应的存在（Melitz，2003；Arkolakis，2010），高生产率、高工资的企业得以出口并更有可能从事一般贸易（刘晴和张燕，2014）；另一方面，基于“干中学”效应（Melitz 和 Ottaviano，2008），出口企业可能在对外贸易的过程中不断提高生产率进而提升工资水平。因此，我们通过寻找影响企业出口贸易模式的工具变量，对本书所提出命题的因果关系进行有效识别。

关于企业贸易模式对工资差距的影响，我们选取了企业所在行业当年的出口固定成本（$lnexfix_{it}$）作为企业是否选择加工贸易的工具变量，鉴于加工贸易企业能够获得出口退税等政策补贴，当面临较高的出口固定成本时，企业能够通过选择加工贸易模式予以规避，与此同时，企业所面临的出口固定成本往往由其出口所至的海外市场状况所决定，而与本国企业的平均工资没有直接联系。

因此，我们认为，上述选取的工具变量，在相关性和外生性方面都得到了较好的满足。我们以上述工具变量对本文所提出的命题进行内生性处理，并将 2SLS 的回归结果置于表 7－3 中。

表 7－3　　内生性处理

	(1) first	(2) second
	$Proc_{it}$	lnW_{it}
$lnexfix_{it}$	0.01801 *** (0.00529)	
$Proc_{it}$		－1.39793 *** (0.61334)
X	Yes	Yes
D	Yes	Yes
个体固定效应	Yes	Yes

续表

	(1) first	(2) second
	$Proc_{it}$	lnW_{it}
时间固定效应	Yes	Yes
Observations	183705	183705
R - squared	0. 0708	0. 0628
弱工具变量 F 值	11. 568	

在第 1 列和第 2 列，我们以企业面临的出口固定成本作为企业是否为加工贸易企业的工具变量来检验命题 6，结果也表明，企业面临的出口固定成本越高，企业越有可能从事加工贸易（第一阶段回归中，$lnexfix_{it}$ 的系数为正），而在出口企业中，加工贸易企业较一般贸易企业的平均工资更低。弱工具变量的检验结果也显示，F 值均大于经验值 10，表明不存在弱工具变量的问题。因此，在借助工具变量方法消除潜在的反向因果问题后，本文的主要结论仍然成立，即在出口企业中，加工贸易企业较一般贸易企业的平均工资更低。

7.3 稳健性检验

7.3.1 指标替换

本书所选取的核心解释变量为企业是否从事加工贸易的虚拟变量，借鉴已有研究的做法，我们以企业的出口密集度是否大于 0.4 作为核心解释变量的替代变量，当企业的出口密集度大于 0.4，记为 $Proc_{ex}=1$，其余则为 0，以此对上述提出的命题进行回归。需要说明的是，企业的出口密集度是企业出口交货值与工业销售产值的比值。一方面，出口密集度能够辨别企业是否为出口企业，出口密集度为 0 的企业即为内销企业；另一方面，李春顶（2010）、余淼杰（2010）、包群和邵敏等（2011）、戴觅和余淼杰（2012）等研究指出，加工贸易企业具有“两头在外”的特征，其生产的主要目的就是出口，一般具有较高的出口密集度，而企业的最优出口密集度一般小于 0.4（Kee et al，2008），高于这一水平的企业更有可能为加工贸易企业。之所以通过企业的出口密集度对出口贸易模式进行判断，是因为较早的研究所使用的企业微观数据仅来自工业企业数据库，未能结合海关进出口数据进行贸易模式的准确识别。此处我们将核心解释变量替换为企业的出口密集度是否大于 0.4，以确保本文结论的稳健性，同时也是对已有研究的再检验，我们将回归的结果置于表 7－4 中。

表 7－4　　　　　　　　　　　　指标替换

	(1) lnW_{it}	(2) lnW_{it}	(3) lnW_{it}
$Proc_{ex}$	−0.0873*** (0.0145)	−0.0864*** (0.0138)	−0.0863*** (0.0138)
X	No	Yes	Yes
D	No	No	Yes
个体固定效应	Yes	Yes	Yes
时间固定效应	Yes	Yes	Yes
Observations	1065198	1062938	1062938
R－squared	0.206	0.276	0.276

我们在表 7－4 的第 1 列中，在仅控制了个体固定效应和时间固定效应的情形下，以企业的出口密集度大于 0.4 的虚拟变量对企业的平均工资进行回归，结果显示，以出口密集度大于 0.4 为标准识别的加工贸易企业较一般贸易企业的平均工资更低。在第 2 列和第 3 列中，我们依次加入了控制变量 X_{it}与D_{it}，回归结果仍然保持一致。上述回归结果所呈现出的企业平均工资会随着出口密集度的提升而先上升后下降，这也与本书的主要结论相吻合，即出口密集度较高的加工贸易企业的平均工资低于一般贸易企业，客观上抑制了整体工资差距的扩大。

7.3.2　异质性分析

我国的经济发展存在着较大的地区差异与不平衡，特别是在对外贸易方面，出口企业大多聚集于我国东部沿海地区，加工贸易企业更是依赖于东部地区便利快捷的通关条件与经济特区的扶持政策，因此，我们根据企业所在地区的差异进行了分样本检验，以探究企业出口以及贸易模式对工资差距的不同影响。另一方面，我国的出口贸易中，加工贸易出口常年占据我国出口总额的一半以上，尽管大量以“三来一补”为主要形式的加工贸易出口充分发挥了我国的劳动力比较优势，但长期从事低技术含量与低附加值的加工贸易，不利于我国对外贸易的高质量发展以及在全球价值链中分工地位的攀升。我们认为企业所属行业是否为高技术行业，对于本书的主要结论也可能产生异质性影响。综合上述分析，我们与前文保持一致，对样本企业进行分地区和分行业的异质性分析，并将回归的结果置于表 7－5 中。

表 7－5　　　　基于地区及行业的异质性分析

	(1) 东部地区 lnW_{it}	(2) 中西部地区 lnW_{it}	(3) 高技术行业 lnW_{it}	(4) 其他行业 lnW_{it}
$Proc_{it}$	-0.0182^{***} (0.00522)	-0.0389^{**} (0.0185)	-0.0312^{***} (0.00858)	-0.0134^{**} (0.00622)
X	Yes	Yes	Yes	Yes
D	Yes	Yes	Yes	Yes
个体固定效应	Yes	Yes	Yes	Yes
时间固定效应	Yes	Yes	Yes	Yes
Observations	159256	24449	61540	122165
R－squared	0.266	0.285	0.270	0.265

在表 7－5 中，我们可以看到，在东部地区本书的主要结论仍然成立，但在中西部地区，核心解释变量的显著性均有所减弱，这表明，我国出口企业贸易模式对企业间工资差距的影响确实存在着地区差异，我国东部沿海地区在促进贸易发展、推动转型升级的过程中，面临着更大的收入分配不均的压力。与此同时，我们还可以看到企业出口贸易模式对企业间工资差距的影响并未受到行业因素的干扰。这可能是因为在样本期间内，我国各行业的整体技术水平与薪资水平仍然普遍较低，并未能呈现出行业间因技术水平的差距而形成的薪资差异。

7.3.3 中介效应分析

在理论模型的部分，我们发现加工贸易企业由于盈利能力不及一般贸易企业，反而缩小了出口企业间的工资差距。因此，我们认为，企业出口与贸易模式对企业间工资差距的影响存在着以企业利润（*lnprofit*）为中介变量的作用机制，我们通过构建如下中介效应模型，对此进行检验。

$$lnW_{it} = \beta_0 + \beta_1 Proc_{it} + \beta_2 X_{it} + \beta_3 D_{it} + u_i + u_t + \varepsilon_{it} \quad (7-1)$$

$$lnprofit_{it} = \beta_0 + \beta_1 Proc_{it} + \beta_2 X_{it} + \beta_3 D_{it} + u_i + u_t + \varepsilon_{it} \quad (7-2)$$

$$lnW_{it} = \beta_0 + \beta_1 Proc_{it} + \beta_2 lnprofit_{it} + \beta_3 X_{it} + \beta_4 D_{it} + u_i + u_t + \varepsilon_{it} \quad (7-3)$$

与前文类似，为了检验企业利润所产生的中介效应，我们首先以基准回归式（7－1）作为对照，并构建解释变量对中介变量的回归方程，即式（7－2），以及二者对企业平均工资的回归方程，即式（7－3）。参照温忠麟等（2004）提出的逐步检验系数法，当式（7－2）与式（7－3）中的$Proc_{it}$系数显著，且式（7－3）的$lnprofit_{it}$系数也显著时，表明存在部分中介效应（Baron 和 Kenny，1986）；当式（7－2）中的$Proc_{it}$系数显著，式（7－3）中的$lnprofit_{it}$系数显著，但$Proc_{it}$的系数不显著时，则存在完全中介效应（Judd 和 Kenny，1981）。

表 7－6　　中介效应检验

	(1) lnW_{it}	(2) $lnprofit_{it}$	(3) lnW_{it}
$Proc_{it}$	－0.0182*** (0.00503)	0.0527*** (0.00818)	－0.0195*** (0.00503)
$lnprofit_{it}$			0.0235*** (0.00226)
X	Yes	Yes	Yes
D	Yes	Yes	Yes
个体固定效应	Yes	Yes	Yes
时间固定效应	Yes	Yes	Yes
Observations	183705	183705	183705
R－squared	0.268	0.613	0.269

我们在表7－6的第1列至第3列检验了企业利润对于命题6的中介效应，结果显示存在着显著的部分中介效应。我们认为其中的机制可能是，加工贸易企业通过获取政策扶持，在同等条件下较一般贸易企业能够获得更多的贸易利润（第2列中 Proc 的系数显著为正），但是由于存在效率上的损失，当同时控制了企业利润与贸易模式时，加工贸易企业的工资仍然较一般贸易企业更低，进而缩小了出口企业间的工资差距。值得一提的是，在表7－6的第1列与第3列中，我们可以看到企业利润（$lnprofit_{it}$）的系数均显著为正，即企业利润的增加会提升企业的工资水平，这与前文所提出的“公平工资”假设是一致的。

7.3.4　补充样本分析

由于2008—2010年的中国工业企业数据库在工资数据上存在缺失，因此我们在基准回归中与现有研究类似，仅实证检验了2000—2007年的样本。而为了能够弥补本书在时效性上的不足，我们尝试对2011—2013的合并数据进行实证分析，以作为本书主要结论的补充和检验，并将回归的结果至于表7－7中。与前文类似，我们在控制变量中对企业全要素生产率予以了舍去。

表7－7　　补充样本检验

	(2) lnW	(3) lnW	(4) lnW
Proc	－0.161*** (0.00806)	－0.1254*** (0.00706)	－0.0994*** (0.00644)
X	No	No	Yes
D	No	No	Yes
个体固定效应	No	Yes	Yes
时间固定效应	No	Yes	Yes
Observations	158684	158684	153726
R－squared	0.469	0.041	0.453

在表 7－7 的第 1 列中，我们仅以解释变量对企业的平均工资进行了回归，在第 2 列和第 3 列中则进一步加入了其余变量。而回归的结果仍然与前文一致，表明在 2011—2013 年的样本中，加工贸易企业较一般贸易企业的平均工资更低，能够适度弥补基准回归中样本在时效性上存在的不足。

7.4 本章小结

根据理论模型的推导，我们分析了出口企业中可能存在着一部分因无法支付高昂的出口固定成本而寻求政府补贴、进而能够以相较一般贸易企业更低的生产率水平实现出口的加工贸易企业。这些企业由于生产率水平较低，同时从事着较为简单的加工和装配任务，因而相较于一般贸易企业，其市场议价能力较低，最终导致加工贸易企业的盈利水平不及一般贸易企业，其工资水平更低。考虑到加工贸易出口占比曾长期占据我国出口贸易总额的一半以上，因此加工贸易出口客观上抑制了出口贸易的扩张对我国工资差距的扩大。

基于以上的理论分析，我们提出了命题 6，即加工贸易企业较一般贸易企业的工资更低。在本章中，我们同样以中国工业企业数据库和海关进出口数据库的合并数据对命题 6 进行了实证检验，基准回归的结果显示，在样本企业中，加工贸易企业的工资较一般贸易企业更低。我们进一步以企业面临的出口固定成本作为工具变量，对基准回归的结果进行了内生性处理，回归的结果依然保持一致，即企业面临更高的出口固定成本时更有可能选择加工贸易模式进行出口，而最终会导致其平均工资低于一般贸易企业。异质性分析的结果显示，企业的出口贸易模式对平均工资的影响在地区之间可能存在着差异，这意味着相较而言，在推进我国进一步扩大对外开放、促进对外贸易转型升级的过程中，东部地区可能面临着更大的收入分配不均的压力；而在行业方面却没有体现出明显的异质性，则有可能是因为我国的制造业尚未在技术和薪资层面形成较大差异。在机制分析中，我们同样以企业利润作为中介变量进行了分析和检验，结果显示，企业利润在企业出口贸易模式对平均工资的影响中存在着部分中介效应，加工贸易企业由于利润较低，进而在平均工资上不及一般贸易企业。在最后的补充样本分析中，则有效弥补了基准回归在时效性上的不足，回归结果仍然保持一致。

根据理论模型和实证分析的结果，我们认为在改革开放后的相当一段时期内，由于缺乏相应的资金与技术，同时为了能够尽快融入全球生产体系之中，我们借鉴了亚洲其他国家的发展经验，通过发展以“三来一补”为主要形式的加工贸易，既能够有效缓解资金和技术上的缺陷，又能最大化地发挥我国的劳动力比较优势。加工贸易的蓬勃发展对我国经济增长、扩大就业、外汇创收以及增加社会财富等方面都做出了突出的历史性贡献，特别是加工贸易尽管盈利能力不足、工资水平不及一般贸易企业，但有效吸纳了大量剩余劳动力，客观上抑制了对外贸易扩张带来的收入分配不均的恶化。然而，过去粗放式的经济增长方式不可持续，随着我国的经济增长动能逐渐由要素规模驱动向要素质量驱动转变，大量低盈利、低效率、低技术水平的加工贸易企业出口不仅不利于我国对外贸易的高质量发展，同时还可能使我国面临在全球价值链中“低端锁定”的风险。那么，我国的对外贸易转型升级可能面临着“两难”，即加工贸易出口的比重不断下降能够有力地支撑我国在全球价值链中地位的攀升，但不得不面临着国内收入分配不均压力的增大。因此，要进一步扩大对外开放，从“大进大出”转变为“优进优出”，对加工贸易企业给予技术和管理上的支持，推动加工贸易企业转型升级、提质增效。同时，在贸易所得的再分配过程中应当要更加注重公平，在制定社会保障与福利政策时应给予广大劳动者特别是非技术工人一定的政策倾斜，使贸易发展的成果能够更多地为全民共享。

8 结论与启示

8.1 研究结论

近年来，随着经济全球化与贸易自由化进程的不断推进，无论是各国之间还是在各国内部，都普遍出现了较为严重的收入分配不均。我国自改革开放以来，在对外贸易蓬勃发展的同时，国内的收入差距也在不断扩大。那么在当前我国进一步扩大对外开放、加快亚太区域经济整合、推动中欧贸易深化合作以及恢复中美贸易关系的局面下，贸易自由化程度的不断提高对我国的企业工资不平等会产生怎样的影响便成为本书所密切关注的问题。

鉴于新古典贸易理论无法解释当前世界范围内普遍存在的工资不平等，我们以新新贸易理论为基础，借鉴 Egger 和 Kreickemeier（2009）的研究，构建了一个较为完整的理论模型，分别探究了贸易自由化对企业组间工资不平等、企业组内工资不平等以及企业内技术工人与非技术工人间工资不平等的影响机制，并提出了相关的理论命题。随后，我们以世界银行 WITS 数据库、《中国统计年鉴》以及《中国劳动统计年鉴》初步分析了我国贸易自由化与工资不平等的发展现状。最后，我们通过构建实证模型，以中国工业企业数据库和海关进出口数据库的合并数据，实证检验了本书所提出的理论命题。本书的主要研究结论如下：

（1）贸易自由化缩小了企业组间工资不平等。基于理论模型的推导，贸易开放使得高生产率的企业得以出口，进而形成了出口企业与非出口企业的组间工资不平等，但随着贸易自由化程度的不断提高，企业进入国内市场的临界生产率与企业出口的临界生产率之间的差距会不断缩小，在企业生产率均匀分布的情形下，企业组间工资不平等会不断缩小。在实证结果方面，通过构建调节效应模型，我们证实了出口企业较非出口企业的平均工资更高，同时，尽管贸易自由化程度的提高会提升企业的平均工资，但相较内销企业而言，贸易自由化对出口企业平均工资的提升作用更小，进而将缩小企业组间工资不平等。在以“企业所在省份拥有的报关口岸数量”作为“企业是否出口”的工具变量进行两阶段最小二乘回归后，结果与基准回归保持一致，消除了潜在的反向因果关系。

（2）贸易自由化缩小了全体企业的组内工资不平等，进一步细分而言，贸易自由化缩小了内销企业组内工资不平等，但扩大了出口企业组内工资不平等。基于理论模型的分析，贸易自由化会提升企业的平均生产率与进入市场的临界生产率，但二者间的差距会随着贸易自由化程度的提高而缩小，进而缩小企业组内工资不平等。进一步分析来看，贸易自由化会缩小企业进入国内市场与进入国际市场的临界生产率差距，因此将缩小内销企业的组内工资不平等；而贸易自由化对出口企业组内工资不平等的影响受到国内具体参数的影响，则需要通过实证分析予以确定。通过将企业数据加总到省 - 行业层面，我们检验了上述命题，实证分析的结果也表明贸易自由化会缩小企业的组内工资不平等，具体而言，将缩小内销企业组内工资不平等，扩大出口企业组内工资不平等。后续内生性处理与稳健性检验的结果与基准回归保持一致。

（3）贸易自由化扩大了企业内技术工人与非技术工人间的工资不平等。我们在 E - K 模型的基础上，引入了技术工人与非技术工人间“利润分享权力”的差异，发现贸易自由化会提升全体企业的平均生产率与平均利润，而技术工人较非技术工人的利润分享权力更强，能够获得更高的工资支付，进而会扩大企业内工资不平等。实证方面，在 Chen 和 Yu（2017）的基础上，我们以行业技能结构变化作为权重对企业内工资不平等进行了重新测算，然后通过构建非平衡面板数据以涵盖企业的进入和退出行为。对上述命题进行回归分析，结果显示贸易自由化会扩大企业内工资不平等，这一结果在经过内生性处理与稳健性检验后，依然成立。

（4）加工贸易企业较一般贸易企业的工资更低。我们在 E - K 模型的基础上引入了企业的贸易模式选择，即一部分低生产率的企业可以通过选择加工贸易出口的方式，获取政策补贴，降低企业的出口固定成本，实现出口。但由于加工贸易企业的生产率水平和盈利能力的不足，较一般贸易企业而言，其工资也会更低。在实证上，我们借助海关进出口数据库准确识别了企业的出口贸易模式，并针对上述问题进行了回归分析，而上述结论在经过内生性处理、指标替换、异质性分析、机制检验及补充样本分析后，结果依然稳健。

（5）贸易自由化对企业工资不平等的影响存在异质性。在地区异质性方面，贸易自由化对企业组间工资不平等的影响在我国中西部地区不显著，这可能是源于我国出口企业大多聚集于东部沿海地区，但贸易自由化对企业组内工资不平等以及企业内工资不平等的影响没有体现出明显的区域异质性。在行业异质性方面，贸易自由化对我国高技术行业的企业工资不平等影响并不显著，而这可能与我国的要素禀赋和国际的生产分工直接相关。

（6）贸易自由化对企业工资不平等的影响存在着以企业利润为中介效应的内在机制。一方面通过理论模型的推导，我们发现贸易自由化会影响企业的临界生产率进而影响企业的利润水平，最终反映在企业工资的变化上。而在实证方面，我们通过分别构建中介效应模型进行检验，发现贸易自由化会显著提升企业的实际利润，企业利润的增加也会扩大企业工资不平等，存在着显著的中介效应，但中介效应相较于贸易自由化对企业工资不平等的直接效应而言影响较小，因此也并没有改变最终的总效应。

8.2 政策建议

本书的研究结论对我国如何在进一步扩大对外开放、推动外贸高质量发展的同时兼顾国内收入分配的公平合理具有重要的现实意义，基于此，我们提出如下四个方面的政策建议。

（1）持续扩大对外开放，推动外贸提质增效。

本书的主要结论显示，我国贸易自由化程度的提高将缩小企业的组间工资不平等与整体企业的组内工资不平等，但会扩大出口企业组内工资不平等与企业内工资不平等。考虑到出口企业在我国的占比相对较小，则可以认为我国的贸易自由化整体而言使得大部分的企业和劳动者获益，有效抑制了收入分配不均与工资不平等。因此，我国应当进一步扩大对外开放，持续减让关税，增加开放领域，提升贸易自由化水平。具体而言，在出口方面，要不断优化出口贸易结构，降低我国低效率和低附加值的“加工贸易”出口占比，加强技术创新，掌握核心技术的自主知识产权，培植高新技术产业发展壮大，增强国际竞争力；在进口方面，要持续减让进口关税，扩大进口规模，提升进口质量，一方面以进口优质中间品降低企业生产成本，提升产品质量，另一方面以进口优质产成品丰富产品市场，促进消费升级；在外商直接投资（FDI）与对外直接投资（OFDI）方面，要适当拓宽外商投资领域，降低外资准入门槛，在扩大“引进来”的规模时要更加注重引资质量，同时要鼓励国内有实力的企业积极“走出去”参与国际竞争，通过全面布局全球市场，深度融入全球生产分工体系，以此重塑成本优势，培植竞争优势。通过更高水平的对外开放和更高质量的外贸发展，获取更多的贸易利益，提高收入水平，惠及广大人民。

（2）不断完善市场机制，促进要素自由流动。

贸易自由化缩小企业工资不平等的主要机制在于贸易自由化程度的提高将提高企业进入国内市场的临界生产率，使低生产率的企业被迫退出市场，同时整体企业平均生产率的提高会扩大企业的生产规模，雇佣更多的劳动力并支付更高的工资，进而缩小工资不平等。因此，我国应进一步完善市场机制，减少行政干预，促进良性竞争，疏通企业的市场进入与退出机制，同时持续放宽户籍限制，降低城市落户的条件与门槛，加大对失业人员的再培训和再就业投入力度，进而促进生产要素特别是劳动力要素的自由流动，以此更为有效地发挥市场机制在优化资源配置中的决定性作用，以生产效率的提高带动劳动力工资的上涨，兼顾效率与公平。

（3）加大教育投入力度，加快人力资本积累。

无论是我国地区之间、城乡之间以及行业之间所呈现出的工资不平等发展现状，还是贸易自由化加剧了企业内技术工人与非技术工人间的工资不平等，都反映出人力资本差异将影响个体劳动者之间的工资不平等。因此，我们要继续加大教育投入的力度，巩固基础教育，加强高等教育，补足职业教育与技能培训，同时扩大教育覆盖范围，促进地区间与城乡间的教育资源相对均衡，以此加快人力资本的积累，促进非技术工人向技术工人的转变，将我国的“人口红利”逐渐发展成为“人才红利”，促进劳动生产率的提高，以此带动劳动力工资的普遍提升，缩小工资不平等。

（4）加强政府宏观调控，抑制收入分配不均。

政府部门能够通过经济手段和行政手段降低关税壁垒与非关税壁垒以推进贸易自由化，而要有效控制贸易自由化所可能造成的工资不平等问题，则更加需要政府综合运用政策工具予以有效解决。因此，我国应当加强政府的宏观调控，一方面要精准施策，针对贸易自由化对影响企业工资不平等所呈现出的地区以及行业异质性特征，在政策选择和应用上要更有针对性和适用性；另一方面要多管齐下，综合运用税收、转移支付、社会保险、社会救济等政策工具，优化我国收入再分配格局，健全我国社会保障体系，在制定和安排社会保障与福利政策时，应当尽可能向非技术劳动力倾斜，以此保障社会的公平与稳定，促进经济社会的健康发展与长治久安。

8.3 本书的不足与展望

8.3.1 本书研究的不足

本书研究的局限和不足主要体现在以下四个方面：

第一，理论模型方面，限于作者的数理能力，本文所构建的理论模型相对简单，也存在一些不足，例如，现有模型尚无法准确判断贸易自由化对出口企业组内工资不平等的影响；在分析贸易自由化对企业内工资不平等的影响机制时，也仅仅考虑了不同技术工人在企业利润实现后工资分配环节的差异。

第二，研究视角方面，本书探究了贸易自由化对企业工资不平等的影响，但我国的出口贸易呈现出较为典型的“二元结构”，加工贸易出口长期占据着我国出口贸易的一半以上，基于这样的事实，部分学者还提出了我国所存在的“企业出口生产率悖论”问题（李春顶，2015；汤二子，2017），而本书尚未能基于我国出口贸易结构的部分展开进一步的讨论。

第三，实证方法方面，本书在实证检验贸易自由化与企业工资不平等时，统一使用固定效应模型，为了避免因潜在的反向因果关系而产生内生性问题，本书通过使用更为外生的核心解释变量予以克服，但显然这样的处理办法略显粗糙，仍然有可能以更好的实证方法来改进。

第四，实证数据方面，本书所使用的数据是2000—2007年中国工业企业数据库与海关进出口数据库的合并数据，其本身在时效性上存在较大的缺陷，因此我们以2011—2013年的数据作为补充样本予以弥补，但工资和学历数据的缺失，不仅使得样本数据无法衔接，也造成了部分指标在推算上的失准。本书目前的研究成果是建立在数据可得性基础上所做出的时效性和准确性的妥协。

8.3.2 对未来研究的展望

基于本书的研究结论和上述不足，我们在此提出对未来继续相关领域研究的四点展望：

第一，在理论模型方面，通过学习和借鉴相关理论研究，以构建更为合适的理论模型分析贸易自由化对出口企业组内工资不平等的影响机制，并进一步将劳动者的技能异质性融入企业的生产环节，以技术工人与非技术工人在企业生产环节中的贡献差异作为二者工资不平等的形成来源，使理论模型的逻辑内涵更为完整。

第二，在研究视角方面，应更多地考虑到我国的贸易实际，特别是加工贸易在我国出口贸易发展历程中所起到的增加收入、出口创汇、扩大就业等重要作用。一方面尝试在理论方面解析加工贸易的发展对我国工资不平等的影响，另一方面借助海关进出口数据库中所提供的企业贸易模式信息，在实证上进行分析和检验。

第三，在实证方法方面，借鉴已有研究和我国贸易自由化进程中相继出台的诸多政策措施，可以尝试使用DID、PSM－DID以及RD等因果推断的方法，来实证检验我国贸易自由化对企业工资不平等的影响，以此消除潜在的内生性问题，确定其中的因果关系。

第四，在实证数据方面，已有企业数据相对陈旧，在工资、学历等有关劳动者特征的数据方面也存在着较大缺失。相信更接近当下且更为完善的“企业－员工”数据库的出现，能够有效弥补现有研究在时效性和准确性上的不足，也将为未来的研究得出更为准确的研究结论、提出更加有效的政策建议提供坚实的数据基础。

参考文献

[1] Acemoglu D. Why do new technologies complement skills? Directed technical change and wage inequality [J]. The Quarterly Journal of Economics, 1998, 113 (4): 1055—1089.

[2] Akerlof G A, Yellen J L. The fair wage - effort hypothesis and unemployment [J]. The Quarterly Journal of Economics, 1990, 105 (2): 255—283.

[3] Akerman A, Helpman E, Itskhoki O, Muendler M. - A, Redding S. Sources of wage inequality [J]. American Economic Review, 2013, 103 (3): 214—219.

[4] Arkolakis C. Market penetration costs and the new consumers margin in international trade [J]. Journal of Political Economy, 2010, 118 (6): 1151—1199.

[5] Amiti M., Davis D. R. Trade, firms, and wages: Theory and evidence [J]. The Review of Economic Studies, 2011, 79 (1): 1—36.

[6] Amiti M., Konings J. Trade liberalization, intermediate inputs, and productivity: Evidence from Indonesia [J]. The American Economic Review, 2007, 97 (5): 1611—1638.

[7] Antràs P., Helpman E. Global sourcing [J]. The Journal of Political Economy, 2004, 112 (3): 552—580.

[8] Avalos A., Savvides A. The manufacturing wage inequality in latin america and east asia: Openness, technology transfer, and labor supply [J]. Review of Development Economics, 2006, 10 (4): 553—576.

[9] Baldwin J R, Gu W. Export market participation and productivity per-

formance in Canadian manufacturing [J]. Canadian Journal of Economics/revue Canadienne Déconomique, 2003, 36.

[10] Baldwin R. E., Okubo T. Heterogeneous firms, agglomeration and economic geography: Spatial selection and sorting [J]. Journal of Economic Geography, 2006, 6 (3): 323—346.

[11] Baron R M, Kenny D A. The moderator – mediator variable distinction in social psychological research: Conceptual, strategic, and statistical considerations [J]. Journal of Personality and Social Psychology, 1986, 51 (6): 1173—1182.

[12] Baumgarten D. Exporters and the rise in wage inequality: Evidence from German linked employer – employee data [J]. Journal of International Economics, 2013, 90 (1): 201—217.

[13] Becker G. S., Chiswick B. R. Education and the distribution of earnings [J]. The American Economic Review, 1966, 56 (12): 358—369.

[14] Beckfield J. European integration and income inequality [J]. American Sociological Review, 2006, 71 (6): 964—985.

[15] Bernard A B, Jensen J B, Lawrence R Z. Exporters, jobs, and wages in U. S. manufacturing: 1976—1987 [J]. Brookings Papers on Economic Activity. Microeconomics, 1995, 1995: 67.

[16] Bernard A. B., Jensen J. B. Exporters, skill upgrading, and the wage gap [J]. Journal of International Economics, 1997, 42 (1-2): 3—31.

[17] Bernard A. B., Jensen J. B. Exceptional exporter performance: Cause, effect, or both? [J]. Journal of International Economics, 1999, 47 (1): 1—25.

[18] Bernard A. B., Eaton J., Jensen J. B., Kortum S. Plants and productivity in international trade [J]. The American Economic Review, 2003, 93 (4): 1268—1290.

[19] Bernard A. B., Jensen J. B. Exporting and productivity in the USA [J]. Oxford Review of Economic Policy, 2004, 20 (3): 343—357.

[20] Bernard A B, Redding S J, Schott P K. Comparative advantage and

heterogeneous firms [J]. Review of Economic Studies, 2007 (1): 31—66.

[21] Bernard A. B, Jensen J B, Redding S J, et al. Firms in international trade [J]. Scientific Management Research, 2007, 21 (3): 105—130.

[22] Biscourp P, Kramarz F. Employment, skill structure and international trade: Firm - level evidence for France [J]. 2007, 72 (1): 0—51.

[23] Blanchflower D. Union relative wage effects: A cross - section analysis using establishment data [J]. British Journal of Industrial Relations, 1984, 22 (3): 311—332.

[24] Bloch F. E., Kuskin M. S. Wage determination in the union and nonunionsectors [J]. Industrial and Labor Relations Review, 1978, 31 (2): 183—192.

[25] Borjas G J, Friedman R B, Katz L F. How much do immigration and trade affect labor market outcomes? [J]. Brookings Papers on Economic Activity, 1997, 1997 (1): 1—90.

[26] Brandt L, Van Biesebroeck J, Zhang Y. Creative accounting or creative destruction? Firm - level productivity growth in Chinese manufacturing [J]. Journal of Development Economics, 2012, 97 (2): 339—351.

[27] Brandt L, Morrow P M. Tariffs and the organization of trade in China [J]. Journal of International Economics, 2017, 104: 85—103.

[28] Brecher R. A., Choudhri E. U. The factor content of international trade without factor - price equalization [J]. Journal of International Economics, 1982, 12 (3—4): 277—283.

[29] Brülhart M. The spatial effects of trade openness: A survey [J]. Review of World Economics, 2010, 147 (1): 59—83.

[30] Cabral L. M. B., Mata J. On the evolution of the firm size distribution: Facts and theory [J]. The American Economic Review, 2003, 93 (4): 1075—1090.

[31] Carluccio J, Fougère D, Gautier E. Trade, Wages and collective bargaining: Evidence from France [J]. The Economic Journal, 2015, 125 (584): 803—837.

[32] Chen B, Yu M, Yu Z. Measured skill premia and input trade liberalization: Evidence from Chinese firms [J]. Journal of International Economics, 2017, 109: 31—42.

[33] Cragg M. I., Epelbaum M. Why has wage dispersion grown in Mexico? Is it the incidence of reforms or the growing demand for skills? [J]. Journal of Development Economics, 1996, 51 (1): 99—116.

[34] Currie J., Harrison A. Sharing the costs: The impact of trade reform on capital and labor in morocco [J]. Journal of Labor Economics, 1997, 15 (S3): S44—S71.

[35] Das S., Roberts M. J., Tybout J. R. Market entry costs, producer heterogeneity, and export dynamics [J]. Econometrica, 2007, 75 (3): 837—873.

[36] Davis D. R., Weinstein D. E. Economic geography and regional production structure: An empirical investigation [J]. European Economic Review, 1999, 43 (2): 379—407.

[37] Dixit A. K., Stiglitz J. E. Monopolistic competition and optimum product diversity [J]. The American Economic Review, 1977, 67 (3): 297—308.

[38] Dornbusch R., Fischer S., Samuelson P. A. Heckscher - ohlin trade theory with a continuum of goods [J]. The Quarterly Journal of Economics, 1980, 95 (2): 203—224.

[39] Eaton J., Kortum S., Kramarz F. Dissecting trade: Firms, industries, and export destinations [J]. The American Economic Review, 2004, 94 (2): 150—154.

[40] Egger P., Huber P., Pfaffermayr M. A note on export openness and regional wage disparity in Central and Eastern Europe [J]. The Annals of Regional Science, 2005, 39 (1): 63—71.

[41] Egger H, Kreickemeier U. Firm heterogeneity and the labor market effects of trade liberalization [J]. International Economic Review, 2009, 50 (1): 187—216.

[42] Egger H, Kreickemeier U. Fairness, trade, and inequality [J]. Jour-

nal of International Economics, 2012, 86 (2): 184—196.

[43] Feenstra R. C., Gordon H. H. The impact of outsourcing and high - technology capital on wages: Estimates for the United States, 1979—1990 [J]. The Quarterly Journal of Economics, 1999, 114 (3): 907—940.

[44] Feenstra R. C., Hanson G. H. Globalization, outsourcing, and wage inequality [J]. The American Economic Review, 1996, 86 (2): 240—245.

[45] Feenstra R. C., Hanson G. H. Foreign direct investment and relative wages: Evidence from Mexico's maquiladoras [J]. Journal of International Economics, 1997, 42 (3 -4): 371—393.

[46] Ferreira P. C., Rossi J. L. New evidence from Brazil on trade liberalization and productivity growth [J]. International Economic Review, 2003, 44 (4): 1383—1405.

[47] Freeman R. B., Medoff J. L. New estimates of private sector unionism in the united states [J]. Industrial and Labor Relations Review, 1979, 32 (2): 143—174.

[48] Galiani S., Sanguinetti P. The impact of trade liberalization on wage inequality: Evidence from Argentina [J]. Journal of Development Economics, 2003, 72 (2): 497—513.

[49] Gaston N., Trefler D. Protection, trade, and wages: Evidence from U. S. manufacturing [J]. Industrial and Labor Relations Review, 1994, 47 (4): 574—593.

[50] Goldberg P. K., Pavcnik N. Trade, wages, and the political economy of trade protection: Evidence from the Colombian trade reforms [J]. Journal of International Economics, 2005, 66 (1): 75—105.

[51] Goldberg P. K., Pavcnik N. Distributional effects of globalization in developing countries [J]. Journal of Economic Literature, 2007, 45 (1): 39—82.

[52] Gregorio J. D., Lee J. W. Education and income inequality: New evidence from cross - country data [J]. Review of Income and Wealth, 2002, 48 (3): 395—416.

[53] Hanson G. H. , Harrison A. Trade liberalization and wage inequality in Mexico [J]. Industrial and Labor Relations Review, 1999, 52 (2): 271—288.

[54] Hatten K. J. , Schendel D. E. Heterogeneity within an industry: Firm conduct in the U. S. Brewing industry, 1952—71 [J]. The Journal of Industrial Economics, 1977, 26 (2): 97—113.

[55] Head K. , Mayer T. , Ries J. On the pervasiveness of home market effects [J]. Economica, 2002, 69 (275): 371—390.

[56] Head K. , Ries J. Overseas investment and firm exports [J]. Review of International Economics, 2001, 9 (1): 108—122.

[57] Helpman E. , Melitz M. J. , Yeaple S. R. Export versus FDI with heterogeneous firms [J]. The American Economic Review, 2004, 94 (1): 300—316.

[58] Helpman E. , Itskhoki O. , Redding S. Inequality and unemployment in a global economy [J]. Econometrica, 2010, 78 (4): 1239—1283.

[59] Helpman E, Itskhoki O, Muendler M A, et al. Trade and inequality: From theory to estimation [J]. Social Science Electronic Publishing, 2012, 86 (2): 184—196.

[60] Helpman E, Itskhoki O, Muendler M - A. Trade and inequality: From theory to estimation [J]. The Review of Economic Studies, 2017, 84 (1): 357—405.

[61] Hijzen A. , Görg H. , Hine R. C. International outsourcing and the skill structure of labour demand in the United Kingdom [J]. The Economic Journal 2005, 115 (506), 860—878.

[62] Jorgenson D. W. Surplus agricultural labour and the development of a dual economy [J]. Oxford Economic Papers, 1967, 19 (3): 288—312.

[63] Judd C M, Kenny D A. Process analysis: Estimating mediation in treatment evaluations [J]. Evaluation Review, 1981, 5 (5): 602—619.

[64] Katz L F, Murphy K M. Changes in relative wages, 1963—1987: Supply and demand factors [J]. Social Science Electronic Publishing, 1991, 107

(1): 35—78.

[65] Kim E. Trade liberalization and productivity growth in Korean manufacturing industries: Price protection, market power, and scale efficiency [J]. Journal of Development Economics, 2000, 62 (1): 55—83.

[66] Krugman P R . Increasing returns, monopolistic competition, and international trade [J]. Journal of International Economics, 1979, 9 (4): 469—479.

[67] Krugman P. Increasing returns and economic geography [J]. The Journal of Political Economy, 1991, 99 (3): 483—499.

[68] Krugman P. Where in the world is the 'new economic geography' [B]. The Oxford handbook of economic geography, 2000, 49—60.

[69] Kumar U, Mishra P. Trade liberalization and wage inequality: Evidence from India [J]. Review of Development Economics, 2008, 12 (2): 291—311.

[70] Leontief W. Domestic production and foreign trade; The american capital position re - examined [J]. Proceedings of the American Philosophical Society, 1953, 97 (4): 332—349.

[71] Lewis H. G. Union relative wage effects: A survey of macro estimates [J]. Journal of Labor Economics, 1983, 1 (1): 1—27.

[72] Markusen J. R. The boundaries of multinational enterprises and the theory of international trade [J]. The Journal of Economic Perspectives, 1995, 9 (2): 169—189.

[73] Markusen J. R. , Maskus K. E. Discriminating among alternative theories of the multinational enterprise [J]. Review of International Economics, 2002, 10 (4): 694—707.

[74] Melitz M. The impact of trade on aggregate industry productivity and intra - industry reallocations [J]. Econometrica, 2003, 71 (6): 1695—1725.

[75] Mincer J. A. Schooling and earnings. in Mincer J. A. Schooling, experience, and earnings [J]. New York: Columbia University Press, 1974, 41—63.

[76] Mincer J. Investment in human capital and personal income distribution [J]. Journal of Political Economy, 1958, 66 (4): 281—302.

[77] Mokhtari M., Rassekh F. The tendency towards factor price equalization among OECD countries [J]. The Review of Economics and Statistics, 1989, 71 (4): 636—642.

[78] Monfort P., Nicolini R. Regional convergence and international integration [J]. Journal of Urban Economics, 2000, 48 (2): 286—306.

[79] Munch J. R., Skaksen J. R. Human capital and wages in exporting firms [J]. Journal of International Economics 2008, 75 (2), 363—372.

[80] Mundell R. A. International trade and factor mobility [J]. The American Economic Review, 1957, 47 (3): 321—335.

[81] Nelson R. R. Why do firms differ, and how does it matter? [J]. Strategic Management Journal, 1991, 12 (S2): 61—74.

[82] Noda T., Collis D. J. The evolution of intraindustry firm heterogeneity: Insights from a process study [J]. The Academy of Management Journal, 2001, 44 (4): 897—925.

[83] Olley G. S., Pakes A. The dynamics of productivity in the telecommunications equipment industry [J]. Econometrica, 1996, 64 (6): 1263—1297.

[84] Paluzie E. Trade policy and regional inequalities [J]. Papers in Regional Science, 2001, 80 (1): 67—85.

[85] Pavcnik N., Blom A., Goldberg P. et al. Trade liberalization and industry wage structure: Evidence from Brazil [J]. The World Bank Economic Review, 2004, 18 (3): 319—344.

[86] Posner M. V. International trade and technical change [J]. Oxford economic papers,. 1961, 13 (3): 323—341.

[87] Ram R. Can educational expansion reduce income inequality in less - developed countries? [J]. Economics of Education Review, 1989, 8 (2): 185—195.

[88] Rassekh F., Thompson H. Micro convergence and macro convergence: Factor price equalization and per capita income [J]. Pacific Economic Review,

1998, 3 (1): 3—11.

[89] Redding S. J., Sturm D. M. The costs of remoteness: Evidence from german divisionand reunification [J]. The American Economic Review, 2008, 98 (5): 1766—1797.

[90] Revenga A. Employment and wage effects of trade liberalization: The case of mexican manufacturing [J]. Journal of Labor Economics, 1997, 15 (S3): S20 - S43.

[91] Ricci L. A., Trionfetti F. Productivity, networks, and export performance: Evidence from a cross - country firm dataset [J]. Review of International Economics, 2012, 20 (3): 552—562.

[92] Sachs J. D., Shatz H. J. U. s. Trade with developing countries and wage inequality [J]. The American Economic Review, 1996, 86 (2): 234—239.

[93] Samuelson P. A. The transfer problem and transport costs: The terms of trade when impediments are absent [J]. The Economic Journal, 1952, 62 (246): 278—304.

[94] Solow R. M. A contribution to the theory of economic growth [J]. The quarterly journal of economics, 1956, 70 (1): 65—94.

[95] Stolper W. F., Samuelson P. A. Protection and real wages [J]. The Review of Economic Studies, 1941, 9 (1): 58—73.

[96] Tian W, Yu M. Processing trade, export intensity, and input trade liberalization: Evidence from Chinese firms [J]. Journal of the Asia Pacific Economy, 2015, 20 (3): 444—464.

[97] Tovias A. Testing factor price equalization in the EEC [J]. JCMS: Journal of Common Market Studies, 1982, 20 (4): 375—388.

[98] Trefler D. The long and short of the Canada - U. S. Free trade agreement [J]. The American Economic Review, 2004, 94 (4): 870—895.

[99] Van Biesebroeck J. Robustness of producticity estimates [J]. The Journal of Industrial Economics, 2007, 55 (3): 529—569.

[100] Verhoogen E. A. Trade, quality upgrading, and wage inequality in

the mexican manufacturing sector [J]. The Quarterly Journal of Economics, 2008, 123 (2): 489—530.

[101] Vernon R. International investment and international trade in the product cycle [J]. The Quarterly Journal of Economics, 1966, 80 (2): 190—207.

[102] Wagner J. Exports and productivity: A survey of the evidence from firm - level data [J]. World Economy, 2007, 30 (1): 60—82.

[103] Wood A. Openness and wage inequality in developing countries: The latin american challenge to east asian conventional wisdom [J]. The World Bank Economic Review, 1997, 11 (1): 33—57.

[104] Xu B., Li W. Trade, technology, and China's rising skill demand [J]. Economics of Transition, 2008, 16 (1): 59—84.

[105] Yeaple S. R. A simple model of firm heterogeneity, international trade, and wages [J]. Journal of International Economics, 2005, 65 (1): 1—20.

[106] Zhu S. C., Trefler D. Trade and inequality in developing countries: A general equilibrium analysis [J]. Journal of International Economics, 2005, 65 (1): 21—48.

[107] 白重恩,钱震杰. 劳动收入份额决定因素:来自中国省际面板数据的证据 [J]. 世界经济, 2010, (12): 3—27。

[108] 包群,邵敏,侯维忠. 出口改善了员工收入吗?[J]. 经济研究, 2011, 46 (9): 41—54。

[109] 包群,邵敏. 研发扩散、工资外溢与我国科技人员配置 [J]. 科研管理, 2011, 32 (12): 33—40。

[110] 蔡昉,王美艳,曲玥. 中国工业重新配置与劳动力流动趋势 [J]. 中国工业经济, 2009, (8): 5—16。

[111] 蔡昉. 人口转变、人口红利与刘易斯转折点 [J]. 经济研究, 2010, (4): 4—13。

[112] 蔡昉. 刘易斯转折点与公共政策方向的转变——关于中国社会保护的若干特征性事实 [J]. 中国社会科学, 2010, (6): 125—137 + 223。

[113] 陈怡. 国际贸易对我国行业间收入分配的影响——基于制造业面板数据的实证分析 [J]. 国际贸易问题, 2009, (4): 3—10。

[114] 陈波, 贺超群. 出口与工资差距: 基于我国工业企业的理论与实证分析 [J]. 管理世界, 2013, (8): 6—15 + 40 + 187。

[115] 杜威剑, 李梦洁. 出口会扩大企业内工资差距吗? ——基于工人议价能力视角的实证研究 [J]. 中央财经大学学报, 2016, (4): 112—121。

[116] 杜威剑, 李梦洁. 出口会扩大企业内工资差距吗——基于市场进入视角的微观解释 [J]. 财贸研究, 2017, 28 (2): 39—46。

[117] 范剑勇, 冯猛. 中国制造业出口企业生产率悖论之谜: 基于出口密度差别上的检验 [J]. 管理世界, 2013, (8): 16—29。

[118] 金祥荣, 茹玉骢, 吴宏. 制度、企业生产效率与中国地区间出口差异 [J]. 管理世界, 2008, (11): 65—77。

[119] 李斌, 陈开军. 对外贸易与地区经济差距变动 [J]. 世界经济, 2007, (5): 25—32。

[120] 李春顶. 中国出口企业是否存在 “生产率悖论”: 基于中国制造业企业数据的检验 [J]. 世界经济, 2010, 33 (7): 64—81。

[121] 李佳, 汤毅. 贸易自由化、技术进步与行业内工资不平等——基于中国工业企业数据的分析 [J]. 南开经济研究, 2019, (4): 209—222。

[122] 李静, 彭飞. 出口企业存在工资红利吗? ——基于 1998 ~ 2007 年中国工业企业微观数据的经验研究 [J]. 数量经济技术经济研究, 2012, 29 (12): 20—37。

[123] 李树培, 高连水, 魏下海. 贸易开放与发展中国家收入差距扩大——基于中国的理论与实证分析 [J]. 财经研究, 2009, 35 (12): 96—106。

[124] 刘灿雷, 王永进. 出口扩张与企业间工资差距: 影响与机制 [J]. 世界经济, 2019, 42 (12): 99—120。

[125] 刘贯春, 张军. 最低工资制度、生产率与企业间工资差距 [J]. 世界经济文汇, 2017, (4): 1—26。

[126] 刘晴, 程玲, 邵智, 陈清萍. 融资约束、出口模式与外贸转型升级 [J]. 经济研究, 2017, (5): 75—88。

[127] 马文华. 贸易自由化与中国各省内部工资不平等 [J]. 中国劳动经济学，2009，5 (1)：84—104。

[128] 毛其淋. 贸易自由化、异质性与企业动态：对中国制造业企业的经验研究 [D]. 南开大学图书馆，2013。

[129] 毛其淋，许家云. 中国企业对外直接投资是否促进了企业创新 [J]. 世界经济，2014，(8)：98—125。

[130] 毛其淋，许家云. 中国企业对外直接投资如何影响了员工收入? [J]. 产业经济研究，2016，(6)：50—59。

[131] 聂辉华，江艇，杨汝岱. 中国工业企业数据库的使用现状和潜在问题 [J]. 世界经济，2012，(5)：142—158。

[132] 戚建梅，王明益. 对外直接投资扩大母国企业间工资差距了吗——基于我国微观数据的经验证据 [J]. 国际贸易问题，2017，(1)：116—126。

[133] 钱学锋，梁琦. 本地市场效应：理论和经验研究的新近进展 [J]. 经济学（季刊），2007，(3)：969—990。

[134] 钱学锋，王菊蓉，黄云湖等. 出口与中国工业企业的生产率——自我选择效应还是出口学习效应? [J]. 数量经济技术经济研究，2011，(2)：37—51。

[135] 邱斌，闫志俊. 异质性出口固定成本、生产率与企业出口决策 [J]. 经济研究，2015，(9)：142—155。

[136] 邵敏，包群. 出口企业转型对中国劳动力就业与工资的影响：基于倾向评分匹配估计的经验分析 [J]. 世界经济，2011，34 (6)：48—70。

[137] 沈毅俊，潘申彪. 外商直接投资对地区收入差距影响的实证分析 [J]. 国际贸易问题，2008，(2)：100—104。

[138] 汤二子，孙振. 异质性生产率、产品质量与中国出口企业的“生产率悖论”[J]. 世界经济研究，2012，(11)：10—15+87。

[139] 汤二子. 中国企业“出口—生产率悖论”：理论裂变与检验重塑 [J]. 管理世界，2017，(2)：30—42+187。

[140] 滕瑜，朱晶. 中间产品贸易对我国熟练和非熟练劳动力收入分配的影响——基于工业部门31个细分行业的实证分析 [J]. 国际贸易问题，

2011，(5)：3—13。

［141］万广华，陆铭，陈钊．全球化与地区间收入差距：来自中国的证据［J］．中国社会科学，2005，(3)：17—26。

［142］王怀民，李凯杰．加工贸易与地区收入差距［J］．世界经济研究，2010，(8)：45—49。

［143］温忠麟，张雷，侯杰泰，刘红云．中介效应检验程序及其应用［J］．心理学报，2004，(5)：614—620。

［144］吴万宗，徐娟．中国工业出口强度与工资残差不平等——基于中国综合社会调查数据的分析［J］．财贸经济，2017，38（5）：112—128。

［145］邢春冰．不同所有制企业的工资决定机制考察［J］．经济研究，2005，(6)：16—26。

［146］许和连，亓朋，李海峥．外商直接投资、劳动力市场与工资溢出效应［J］．管理世界，2009，(9)：53—68。

［147］叶林祥，李实，罗楚亮．行业垄断、所有制与企业工资收入差距——基于第一次全国经济普查企业数据的实证研究［J］．管理世界，2011，(4)：26—36。

［148］殷德生，唐海燕．技能型技术进步、南北贸易与工资不平衡［J］．经济研究，2006，(5)：106—114。

［149］余淼杰．中国的贸易自由化与制造业企业生产率［J］．经济研究，2010，(12)：97—110。

［150］余淼杰，梁中华．贸易自由化与中国劳动收入份额——基于制造业贸易企业数据的实证分析［J］．管理世界，2014，(7)：22—31。

［151］喻美辞．国际贸易、技术进步对相对工资差距的影响——基于我国制造业数据的实证分析［J］．国际贸易问题，2008，(4)：9—15。

［152］喻美辞，喻春娇．国际贸易、技术创新与中国城镇劳动力的技能工资差距：基于劳动力个体微观数据的实证研究［J］．国际贸易问题，2016，(5)：16—27。

［153］喻美辞，蔡宏波．出口产品质量与技能溢价：理论机制及中国证据［J］．统计研究，2019，(8)：60—73。

［154］岳希明，李实，史泰丽．垄断行业高收入问题探讨［J］．中国社

会科学，2010，(3)：77—93。

[155] 张川川．出口对就业、工资和收入不平等的影响——基于微观数据的证据［J］．经济学（季刊），2015，14（4）：1611—1630。

[156] 张原，陈建奇．人力资本还是行业特征：中国行业间工资回报差异的成因分析［J］．世界经济，2008，(5)：68—80。

[157] 张艳，唐宜红，李兵．中国出口企业“生产率悖论”——基于国内市场分割的解释［J］．国际贸易问题，2014，(10)：23—33。

[158] 赵秋运，马晶，胡巧玉．融资约束，企业储蓄和劳动收入份额：基于中国经济转型的发现［J］．宏观质量研究，2020，v.8；No.29（2）：81—10。

[159] 周申，海鹏，张龙．贸易自由化是否改善了中国制造业的劳动力资源错配［J］．世界经济研究，2020，No.319（9）：4—19+136。

[160] 周云波，陈岑，田柳．外商直接投资对东道国企业间工资差距的影响［J］．经济研究，2015，50（12）：12。